Y 6086
H A

Car de Barcilly

Vand 259
Ye   L 10632 bis

A Paris Chez Charles de Sercy au Palais dans la Salle Dauphine
a la BonneFoy Couronée.

RECVEIL
DES PLVS
BEAVX VERS,
QVI ONT ESTE' MIS EN CHANT,

Auec le Nom des Autheurs tant des Airs que des Paroles.

A PARIS,
Chez CHARLES DE SERCY, au Palais, dans la Salle Dauphine, à la Bonne-Foy Couronnée.

M. DC. LXI.
AVEC PRIVILEGE DV ROY.

A MONSIEVR
MONSIEVR
DE PELISSON FONTANIER.

ONSIEVR,

*Puis que c'est Vous qui m'a-
uez inspiré le dessein de faire*

ã iij

EPISTRE.

imprimer ce Recueil, permettez que ie me donne l'honneur de vous le dédier. Ie sçay que vous le trouuerez plus ample qu'il ne deuroit estre; & que pour le rendre digne de Vous, il en falloit retrancher tous les mauuais Vers: Mais comme il arriue souuent, & vous le sçauez, MONSIEVR, que la plus belle Poësie n'est pas toûjours la plus heureuse, i'ay esté contraint de considerer plûtost le cours qu'ont eu les Airs que ie vous adresse, que leur propre valeur. Le nombre de ceux qui chantent estant in-

EPISTRE.

finy, il n'y a personne qui n'ait sa Chanson favorite; & tel n'auroit pas approuué ce Recueil, s'il ne l'y auoit trouuée en son rang. Il n'y a rien de plus vray, que les belles paroles font l'ame du Chant, & le plus delicat de la Poësie; & que si tous ceux qui se meslent d'en faire y sçauoient employer comme Vous, MONSIEVR, l'elegance, la tendresse, & les termes doux à prononcer, les Chansons auroient toute leur grace: mais icy il faut considerer le Recueil que ie vous presente,

EPISTRE.

comme vn Parterre composé de toute sorte de fleurs, & où les petites font valoir les grandes. Ce que i'y ay mis du vostre peut tout seul diuertir ce rare Ministre de qui vous estes si particulierement estimé; & comme c'est le seul but que vous vous estes proposé en le faisant, ie m'estimerois bien heureux, si dans la protection qu'vn si Grand Homme donne aux Muses, il luy plaisoit de la donner encore à vn Musicien comme moy. Ie croy que pour y paruenir, c'est assez d'estre honoré de la vostre, & de vous

EPISTRE.

persuader que ie suis auec tout
le respect que ie dois,

MONSIEVR,

Voſtre tres-humble & tres-
obeïſſant Seruiteur,

B.D.B.

TABLE DES AIRS
contenus dans ce Recueil.

A

A Dieu Beauté si charmante & si rare,	41
Adorables trompeurs,	1
Affreux Deserts,	2
Ah! beaux yeux, ne vous ch.	12
Ah! Philis, que ie suis jaloux,	33
Ah! que ie souffre loin de vous,	38
Ah! que le Ciel est contraire,	43
Aimable Solitude,	48
A la rigueur des ans,	24
Allez, allez, suiuez ses pas,	42
Allez, allez, tendres soûpirs,	21
Allez où le Sort vous conduit,	16
Allez, soûpirs, allez fraper au cœur,	34
Allez, soûpirs, allez trouuer Siluie,	6
Alors qu'aupres de vous ie languis,	31
Amans infortunez qui n'auez,	26
Amans qui commencez à pousser,	32
Amarillis au partir de ce lieu,	47
Amarillis ie renonce à vos charmes,	18
Aminte, approche-toy,	21
Aminte, i'ay beau te cherir,	5
A mon secours, Monarque,	45
Amour dont les charmes puissans,	14

ã vj

TABLE.

Amour ie te suis obligé,	15
Amour m'a mis hors de defense,	14
Amour sous ton empire,	46
Appellez à voftre secours,	55
Apprenez-moy d'où vient qu'à voftre,	28
Apres tant de douleurs,	8
Apres vous auoir dit par mes,	7
A quel étrange choix,	40
A quelle extremité le Ciel,	25
A quoy penfiez-vous, Climene,	10
A quoy feruent tant de charmes,	4
Arbres, Rochers, doux & ch.	9
Aftre naiffant, merueille de la Cour,	39
Au defaut de ma voix,	19
A vos Autels i'amene vne victime,	22
Auprés des beaux yeux de Siluie,	20
Au secours ma raison,	44

B

BEau sujet de mon mal,	75
Beauté dont la bouche & les yeux,	60
Beauté dont les regards vainqueurs,	69
Beauté qui me voyez mourant,	50
Beaux defirs d'vne ame amoureufe,	70
Beaux lieux où l'Art & la Nature,	72
Beaux lieux qui tant de fois,	71
Beaux yeux, arbitres de mon fort,	67
Beaux yeux, helas! eft-il poffible,	74
Beaux yeux qui captiuez,	49
Beaux yeux fi charmans & fi doux,	51
Beaux yeux fi doux & fi charmans,	56
Beaux yeux fi perçans & fi doux,	55
Beaux yeux, viues fources,	54
Belle Aminte, on ne fçauroit voir,	68

TABLE.

Belle & charmante brune,	52
Belle Iris, malgré vostre couroux,	77
Belle Philis, dessous les Cieux,	59
Belle Philis, entre nous deux,	58
Bergere, à quoy cette rigueur,	73
Bergere, quel sujet te defend,	63
Bien qu'à vos pieds sans cesse,	62
Bien que ie sçache qu'on ne peut,	66
Bien que mes esperances vaines,	57
Bien que Philis se plaise,	76
Brise tes fers,	62

C

Caliste, au lieu de me punir,	97
Celuy qu'Amour n'a iamais pû charmer,	102
C'en est fait, Amour est vainqueur,	84
C'en est fait, belle Iris,	83
Cessez de flater mes langueurs,	104
Cessez de m'attaquer,	95
Cessez, jaloux regards,	105
Cessez mes soûpirs & mes larmes,	100
Cessez, vous estes criminelles,	85
Cessons les soûpirs & la plainte,	101
C'est auoir pour mon cœur,	103
C'est bien à tort que l'on se plaint,	86
C'est trop faire languir,	89
C'est trop me dire quand,	106
C'est trop soûpirer pour l'injuste Cl.	94
Cette ingrate est-elle insensible,	81
Charmans Deserts où l'Amour,	92
Charmante Iris, ie crains vostre,	88
Charmante Iris, quand ie vous vois,	96
Cher objet qui rauit mes sens,	98
Chers Hostes des Bois,	90

TABLE.

Climene se plaint de moy,	79
Cloris, c'est trop me découurir,	82
Comment ay-je pû consentir,	87
Consolez-vous, Diuinitez mortelles,	80
Courage, Amour, la Paix est faite,	93
Cruel Tyran de mes desirs,	107
Cruels gouuerneurs de mon sort,	99

D

Dans ce beau sejour de plaisirs,	136
Danser dessus l'herbette,	122
Dans le fonds d'vn Bois,	121
Dans nostre Village,	134
Delices de mon cœur,	116
Depuis que i'ay veu vos beaux yeux,	132
Depuis que i'ouure l'Orient,	123
Depuis que l'adorable Aminte,	130
Dés le moment que ie vis cette Belle,	119
Dés le moment que ie vous vis,	111
De tous les cœurs qui sont,	120
Deux beaux yeux noirs,	110
Disposez de mon sort,	112
Diuine Amarillis,	133
Diuins autheurs de ma nouuelle flame,	117
Dois-je vous aimer, Siluie,	118
Douce & charmante Paix,	126
D'où me vient la tristesse,	108
Douter que mes feux,	124
D'où vient que de ce boccage,	114
D'où vient qu'en ce moment,	129
Doux ruisseaux, coulez,	113
D'vn feu secret,	125
Du plus doux de ses traits,	127
Dure necessité,	128

TABLE.

E

ELoigné de Philis, ie refous,	148
En amour fouuent il faut feindre,	140
En aimant peut-on	143
Enfans d'vn cœur preffé,	141
Enfin il faut quitter vn fi ch...	149
Enfin la voicy de retour,	145
Enfin me voicy de retour,	151
En l'eftat où ie fuis ie n'ay plus,	139
Ennuis, defefpoirs, & douleurs,	152
En quel état m'a reduit,	138
En vain à mes defirs,	144
En vain i'ay confulté l'Amour,	147
En vain i'éuite vos beaux yeux,	142
En vous difant adieu,	137
En vous difant ce que ie penfe,	146
Eft-il donc vray, Cleandre,	150

F

FVyez les beaux yeux de Philis,	154
Fuyons, mon cœur, fuyons,	153

G

GRand Roy, quel deftin eft le voftre,	155

H

HA! que les yeux de la belle,	160
Ha! qu'il eft doux, Bergere,	161
Helas! c'eftoit bien vainement,	159
Helas! Philis, quand ie foûpire,	156
Helas! que faut-il que i'efpere,	159
Heureux mortels,	157

TABLE.
I

J'Adore sans espoir,	115
Iamais n'auray-je le pouuoir,	223
I'auois juré de n'aimer de ma vie,	226
I'auois juré l'autre jour,	232
I'auois rompu mes fers,	209
I'auois toûjours caché,	181
I'ay brisé pour suiure Siluie,	238
I'ay cent fois, Beauté cruelle,	169
I'ay juré mille fois,	236
I'ay long-temps balancé,	195
I'aime bien quand ie suis aimé,	235
I'aime, c'est trop celer,	191
I'aime, ie ne puis plus le taire,	210
I'aime, ie suis aimé,	177
I'aime Phil's plus que ma vie,	213
I'aime vn brun depuis vn jour,	219
I'ay souuent consulté,	207
I'ay si bien publié,	241
I'ay tenu vainement,	208
I'ay trop d'amour,	197
I'ay veu cet Astre de la Cour,	220
I'ay veu de vos beaux yeux,	205
I'ay veu les beaux yeux,	166
I'ay voulu mille fois,	186
Ie cache si bien ma douleur,	243
Ie cherche les Forests,	229
Ie cherche vostre amour,	179
Ie connois à quel poinct,	183
Ie goustois cent mille douceurs,	198
Ie me meurs, ma belle Cloris,	196
Ie me plains des rigueurs,	206
Ie m'estois resolu,	224

TABLE.

Ie meurs à tout moment,	221
Ie meurs d'amour pour la belle Cl.	214
Ie n'ay iamais parlé,	201
Ie n'ay pas la tresse blonde,	174
Ie n'ay point consulté,	234
Ie ne connois que trop,	203
Ie ne crains plus vos injustes,	240
Ie n'en parleray plus,	239
Ie ne puis bien vous exprimer,	185
Ie ne puis desormais éuiter,	225
Ie ne puis éuiter,	167
Ie ne puis plus souffrir,	228
Ie ne sens pas, Philis,	165
Ie ne suis pas facile à prendre,	206
Ie ne veux pas au recit,	173
Ie ne vous quitte point,	192
I'entens Amarillis,	171
I'entens la voix de la belle,	176
Ie penserois que sous vostre,	184
Ie pers le repos & les sens,	190
Ie pleure, ie me plains,	202
Ie ressens vn plaisir extréme,	180
Ie suis blessé de mille dards,	242
Ie suis en doute si Melite,	211
Ie suis l'agreable harmonie,	182
Ie tâche en vain de faire,	189
Ie vay mourir, Philis,	231
Ie veux cacher à tous,	222
Ie veux pour contenter Climene,	217
Ie vous ay veus, beaux yeux,	212
Ie vous dis toûjours aimez moy,	199
Ie vous quitte, belle Artenice,	188
Ie voy des Amans chaque iour,	230
Il est temps d'exprimer,	216

TABLE.

Il est vray ie n'ose me plaindre,	178
Il est vray, Philis, ie vous aime,	187
Il est vray que i'aime en,	175
Il faut aimer,	204
Il me faut donc faire des Vers,	193
Il n'est donc que trop vray,	237
Il n'est parlé que de vos charmes,	168
Incredule Beauté,	164
Iris dont la grace m'enchante,	218
Iris, ne présumez pas,	172
Iris, que ie croyois fidelle,	227
Iris, vous disiez l'autre jour,	162
Iugez si ma peine est,	165

L

LE beau Berger Tirsis,	270
La Bergere Annette,	266
L'aimable Iris deuient si belle,	279
L'aimable Iris est reuenuë,	278
Laisse-moy soûpirer,	265
Laissez agir ma douleur,	276
Laissez-moy mourir en repos,	269
Laissez-moy seulement,	284
L'amitié que i'ay pour vous,	249
L'Amour qui me presse,	272
Languissant du beau feu,	253
Languissante clarté,	275
Las! c'est trop consulter,	268
Lassé des rigueurs de Climene,	251
La Terre est couuerte,	257
La Terre s'émaille de verd,	280
La voicy la saison premiere,	281
L'Aurore au visage innocent,	282
L'autre jour ce fol amour,	255

TABLE.

L'autre jour ma Cloris,	245
L'autre jour Philis ce bel Ange,	261
L'autre jour pres de ce riuage,	259
Le Berger Tirfis,	258
Le Printemps est de retour,	277
Les beautez de Philis, Amarante, & Cloris,	246
Le respect & l'amour,	273
Les yeux de Philis sont si doux,	144
Le voicy de retour,	285
Le Zephir en moins d'vn moment,	286
L'infidelle Amarante,	252
Loin des mépris,	254
Loin de vos yeux, belle Siluie,	265
Loin de vos yeux ie languis,	266
Lors que mes yeux pleins de langueur,	262
Lors que d'vn desir curieux.	274
Lors que mon cœur,	247
Lors que pour me contenter,	248

M

MAdonte auec Damon,	303
Ma flame dans mon cœur,	305
Ma raison, ne t'efforce plus,	289
Mes jours s'en vont finir,	308
Mes regards vous l'ont dit,	312
Mes soûpirs vous font murmurer,	291
Mes yeux d'vn langage,	294
Mes yeux ont regardé les voftres,	296
Mes yeux ont trahy,	287
Mes yeux, quel crime,	309
Mes yeux, vous auez veu Cloris,	298
Mes yeux, vous auez veu Siluie,	295
Mes yeux vous ont parlé,	307
Me veux-tu voir mourir,	299

TABLE.

Mille cœurs enchaisnez,	290
Mon ame, faisons vn effort,	293
Mon cœur qui se rend,	311
Mon cœur soûpire,	301
Mon esprit aresté,	306
Mon mal est doux,	288
Mon sort est digne,	310
Mortels ennuis,	309
Mortels, étouffez vos soup.	292
Mourons, Tirsis,	304
Moy dont les froideurs,	297

N

N'Ay-je point fait tout ce que,	314
Ne craignez pas, Philis,	319
Ne croyez pas, Philis,	316
Ne déliberons plus,	321
N'entendez-vous point ce langage,	315
Ne renvoyons plus Amarante,	318
N'esperez pas par vostre humeur,	323
Noires Forests,	322
Non, ie ne prétens pas,	317
Non, n'apprehendez point,	313
Nos fâcheux Maris jaloux,	325
Nous nous estions promis,	324
Nous sommes tous deux trop,	326

O

OBjet adorable & charmant,	330
Objet diuin de ma pensée,	341
Objet dont les charmes si doux,	340
Objet le plus doux de mes sens,	328
Objet qui causez mes desirs,	329
O Dieux! comment se peut-il,	333

TABLE.

Olimpe, ie suis las de témoigner,	331
Olimpe, viens à ma defense.	326
O mon cœur, osez-vous,	338
On ne sçauroit, Iris, vous voir,	327
On y doit bien songer,	336
O rare merueille d'Amour,	
O respect, l'yran trop seuere,	335
Oüy, c'est pour vous,	339
Oüy, i'aime ma prison,	337
Oüy, ie l'aime sans esperer,	334

P

Parlez, mes yeux,	358
Par mes regards iugez,	375
Parmy tant de viues douleurs,	380
Parmy tant de viues douleurs,	380
Par tout Amour me vient chercher,	403
Par vos yeux tous brillans,	347
Pauures Amans,	401
Penser doux & cruel,	349
Pensez-vous, belle Cloris,	396
Perdant le jour,	342
Perdant les beaux yeux,	408
Petites fleurs,	389
Peu s'en faut que mon cœur,	397
Peux-tu bien voir ma peine,	365
Philis a reconnu ma foy,	343
Philis ce jenne objet,	369
Philis, dans ce Desert,	376
Philis, d'où vous vient cette humeur,	360
Philis, enfin ton inconstance,	363
Philis, ie reprens les armes,	355
Philis, chantons tous deux,	388
Philis, ie change,	402

TABLE.

Philis m'importune de vœux,	354
Philis, ne vous étonnez pas,	353
Philis, ne vous trompez pas,	400
Philis, nous passons nos jours,	395
Philis, on diroit à vous voir,	364
Philis, quand on vous voit,	383
Philis, si vous auez reconnu,	368
Philis, ta legereté,	405
Philis, toutes les roses,	406
Philis, vos yeux & vostre voix,	410
Philis, vostre absence me tuë,	344
Philis, vostre pitié,	377
Plaignez la rigueur de mon sort,	398
Plaintes, langueurs,	370
Plaisirs, voicy le temps,	387
Pleurez, mes yeux, le départ,	346
Plus ie vous voy,	366
Pour auoir tant souffert,	404
Pour donner à mon cœur,	393
Pour éuiter mille jaloux,	385
Pour plaire à vostre enuie,	391
Pourquoy dissimuler,	372
Pourquoy faut-il, belle,	382
Pourquoy si long-temps,	381
Pourquoy vous offencer,	384
Pourrois-je faire mieux,	356
Pourrois-tu douter,	378
Pour trouuer le secret,	373
Pressé de la douleur,	348
Pressé de ses ennuis secrets,	350
Pressé de son tourment,	357
Pressé du feu secret,	352
Printemps, reprens tes fleurs,	394
Prononcez l'Arrest,	379

TABLE.

rofitez mieux,	399
uis que cette ingrate Beauté,	374
uis que ie suis pressé,	361
Puis que l'absence a trop peu,	367
Puis qu'elle veut ma mort,	359
Puis que mon amour est vn crime,	362
Puis que par vn Arrest du Sort,	371
Puis que vous m'ordonnez,	345
Puis que Philis est infidelle,	386
Puis que vostre voix a des charmes,	390
Puis qu'il vous faut quitter,	351
Puis qu'il vous plaist, Philis,	409

Q

Quand ie deurois m'en repentir,	425
Quand ie pense au départ,	413
Quand ie vis ces beaux yeux,	415
Quand ie vous aurois dit,	424
Quand on voit finir son tourment,	426
Quand verray je ce que i'adore,	439
Quand vos rigueurs,	417
Quand vous faites la plainte,	418
Que c'est vn plaisir charmant,	421
Que de transports,	432
Que ferons-nous, mon cœur,	422
Que ie dois cherir,	412
Que ie vous aime,	419
Que ie voy quand ie vous admire,	430
Que le feu qui m'enflame,	435
Que les jaloux sont importuns,	429
Que le sort est cruel,	423
Que l'on viuroit heureusement,	414
Que me sert de sçauoir,	431
Que me sert-il d'estre fidelle,	428

TABLE.

Que mon sort est étrange,	43
Que Philis a les yeux charmans,	44
Que seruent tes conseils,	43
Que tes attraits sont puissans,	44
Que vostre absence,	437
Que vostre humeur,	41
Que vostre voix, Philis,	433
Qui conte les faueurs,	434
Qu'il seroit doux d'aimer,	442
Qui vit iamais d'vn regard,	427
Quoy, ie languis,	426
Quoy, tant de pleurs,	420

R

Reduit au dernier jour,	450
Remede souuerain,	446
Rens-toy, ma liberté,	457
Repos des ames desolées,	449
Retiens ton bras, Amour,	451
Reuenez, innocens plaisirs,	448
Reyne dont les charmes diuers,	445
Reyne que l'heur enuironne,	447
Rien n'est égal à mon amour,	443
Rochers inaccessibles,	452
Rossignols, vos tons éclatans,	444
Ruisseau, plains mes malheurs,	456

S

Sans vouloir vous estre infidelle,	464
Si dans vostre Village,	482
Si ie jette de toutes parts,	481
Si ie me plains, belle Amarante,	459
Si ie ne suis assez aimable,	475
Si ie vous dis que ie vous aime,	470

TABLE.

Si ie vous dis que vos yeux,	474
Si l'amour, belle Iris,	473
Si ma langue n'estoit captiue,	485
Si mes soûpirs sont indiscrets,	461
Si vos attraits sur mon cœur,	462
Si vostre rigueur est extréme,	479
Si vous m'ostez l'espoir,	469
Si vous ne me voulez guerir,	480
Si vous ne voulez point,	466
Si vous voulez que ie cache,	471
Sombres Deserts,	477
Souffrez qu'Amour,	483
Soûpirs, esprits de flame,	463
Soûpirs, où courez-vous,	487
Soûpirs, vous estes indiscrets,	460
Source des plus aimables charmes,	486
Sources de feux ineuitables,	465
Suiuons la bande des Amours,	467
Superbes ennemis,	468
Sur le bord de la Seine,	472
Sur vn Rocher affreux,	478

T

TAisez-vous Tambours & Trompettes,	498
Tantost ie suis sous l'empire,	493
Témoins de mon inquietude,	507
Tirsis au bord d'vn Ruisseau,	504
Tirsis accusoit sa Bergere,	510
Tirsis, ce Berger fidelle,	491
Tirsis disoit à luy-meme,	511
Tirsis, que i'aime ce seiour,	501
Tirsis regrettant,	489
Tirsis & Cloris s'absentent,	508

TABLE.

Triſtes images du ſilence,	499
Triſtes penſers,	488
Trop aimable Angelique,	500
Tous mes ſoûpirs,	495
Tout en eſt beau,	496
Tout en riant,	497
Tout le monde, Philis.	490
Toy qui fais naiſtre toutes choſes,	494
Triſte & dernier eſpoir,	502
Tu demande, Tirſis,	503

V

VA, mon cœur, vers cette Beauté,	512
Viue l'amour de la fougere,	517
Vn iour Tirſis au bord,	523
Vn ſeul ſoûpir,	530
Vos beaux yeux captiuent,	524
Vos beaux yeux me priuent,	531
Vos yeux par malice,	528
Voſtre injuſte rigueur,	534
Voulez-vous ſçauoir, Cloris,	518
Voulez-vous ſçauoir qui l'aime,	520
Vous auez dit, Belle indiſcrette,	515
Vous auez de puiſſans appas,	519
Vous auez du regret,	521
Vous demandez pour qui mon cœur,	533
Vous dont les yeux,	536
Vous eſtes cruelle, Amarante,	514
Vous ignorez encor,	516
Vous m'auiez permis d'eſperer,	525
Vous me dites d'vn ton ſeuere,	522
Vous mépriſez mes feux,	526
Vous ne voulez que reſpect,	527

TABLE.

Vous que les beaux yeux,	535
Vous qui pensez qu'vne absence,	525
Vous rompez vostre foy,	513
Vous sçauez chanter comme,	232

Fin de la Table.

PRIVILEGE DV ROY.

LOVIS par la Grace de Dieu, Roy de France & de Nauarre : A nos amez & feaux Conseillers les Gens tenans nos Cours de Parlement, Maistres des Requestes ordinaires de nostre Hostel, Baillifs, Seneschaux, Preuosts, leurs Lieutenans, & tous autres nos Iusticiers & Officiers qu'il appartiendra, Salut. Nostre bien amé le Sieur B. D. B. nous a fait remontrer qu'il a composé plusieurs Airs qu'il desire faire grauer au Burin, comme aussi vn Traitté de la methode de chanter, auec vn Recueil de tous les plus beaux Vers qui ont esté mis en chant depuis trente années, lesquels il desire faire imprimer en caracteres ordinaires, conjointement ou separément, qu'il ne peut faire grauer sesdits Airs, ny imprimer sondit Traitté & Recueil sans nos Lettres sur ce necessaires, qu'il nous a tres-humblement requises. A CES CAVSES, Nous auons permis & permettrons par ces Presentes audit Exposant, de faire grauer au Burin sesdits Airs par qui bon luy semblera, & faire imprimer en caracteres ordinaires en tel volume & caractere que bon luy semblera, pour estre lesdites Pieces venduës pendant le temps & espace de dix années, à commencer du iour qu'elles auront esté acheuées de grauer ou d'imprimer pour la premiere fois : Faisans tres-expresses inhibitions & defenses à toutes personnes, de quelque qualité & condition qu'elles soyent, de grauer ou faire grauer, imprimer ou faire imprimer, vendre & debiter, ou contrefaire lesdites Pieces, sans la permission & consentement dudit Exposant, ou de ceux qui auront

RECVEIL
DES PLVS
BEAVX VERS
Qui ont esté mis en Chant.

AIR
DE Mr LAMBERT.

DORABLES trompeurs,
Beaux yeux, beaux infidelles,
Qui donnez à nos cœurs
Tant d'atteintes mortelles;
Helas! qui ne diroit, en vous voyant si doux,
Que vous auez pitié de nous?

A

Vos regards pleins d'amour
Ont trop de tyrannie;
En nous donnant le jour,
Ils nous oftent la vie;
Helas! qui ne diroit, en les voyant si doux,
Que vous auez pitié de nous?

Retenez pour vn temps
Les maux que vous nous faites,
Soyez tous innocens
Comme on croit que vous estes;
Et nous voyant périr, vous qui femblez si doux,
Ayez au moins pitié de nous.

MIS EN CHANT.

AIR
DE Mr LE CAMVS.

AFreux Deserts, lieux sacrez où m'amene
  La rigueur de Climene,
 Pour y chercher en secret le trépas;
  Si ie me plains, helas!
Ie suis trop malheureux pour vous taire ma peine,
Vous estes trop discrets pour ne la taire pas.

Si la douleur que ie ressens pour elle,
  Si son ame infidelle
 Porte mon cœur à ces tristes regrets,
  Rendez-vous plus discrets,
Cachez mon desespoir aux yeux de la cruelle,
Soyez-en les témoins, & n'en parlez iamais.

M. DE BOVILLON.

A
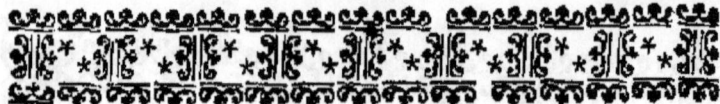

GAVOTTE
DE Mr LE CAMVS.

A Quoy seruent tant de charmes,
Iris, si vous n'aimez rien?
Quoy, nos plaintes & nos larmes
Vous sont-elles quelque bien?
Souuent c'est vne infortune
De se laisser enflâmer,
Mais la vie est importune
Qui se passe sans aimer.

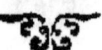

La plus sage & la plus belle
Peut trouuer vn inconstant,
Et l'Amant le plus fidelle
En peut rencontrer autant;
D'vne plainte si commune
On a droict de s'alarmer,
Mais la vie est importune
Qui se passe sans aimer.

M. DE PELISSON.

AIR.

AMinta, j'ay beau te chérir,
Tu ris en me voyant périr;
Ingrate Beauté que j'adore,
O jeune & rauissante Aurore,
En naissant tu me fais mourir.

A
SARABANDE
DE Mr LE CAMVS.

Allez soûpirs, allez trouuer Siluie,
  Pour luy découurir mes langueurs;
  Dites-luy qu'enfin ie me meurs,
  Et qu'au moment qu'elle m'oste la vie,
I'ay pour ses yeux tant de crainte & d'amour,
Qu'elle y perdra quand ie perdray le jour.

Apres les maux que m'a fait la cruelle,
  Si mon cœur se rend à ses traits,
  Dites-luy qu'il ne fut iamais
  Vn cœur brûlé d'vne flâme si belle,
Et que ses yeux qui causent mon amour
Perdront en moy quand ie perdray le jour.

M. DE BOVILLON.

Deuant les yeux de la belle Amarante,
  Tirsis demandoit à mourir,
  Au trépas il alloit courir,
Et d'vne voix languissante & mourante,
  Il s'écrioit, ô merueille d'amour!
Pres d'vn Soleil ie vais perdre le jour.

M. TRISTAN.

AIR
DE Mr. LE CAMVS.

Aprez vous auoir dit par mes brûlans soûpirs,
    Le funeste martyre
Où m'ont reduit mes amoureux desirs;
Si ie me plains encor, & si mon cœur soûpire,
C'est qu'il n'a pas tout dit ce qu'il auoit à dire.

Ie sçay que mes regards ont mesme dit pour moy
    Qu'on languit, qu'on expire,
  Quand vne fois on est sous voistre loy;
Si ie murmure donc, & si mon cœur soupire,
C'est qu'il n'a pas tout dit ce qu'il auoit à dire.

M. DE BOVILLON.

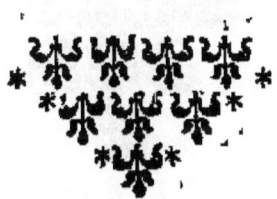

AIR,
DE Mr LAMBERT.

Aprez tant de douleurs que l'on m'aveu souffrir,
Et qui n'ont fait que vous mettre en colere,
A la fin j'ay trouué le secret de vous plaire;
  Philis, ie vay mourir.

Si de vous auoir plû, si de le découurir
Mon cœur vous semble vn peu trop temeraire,
Vn moment vous & moy nous pourra satisfaire;
  Philis, ie vay mourir.

M. DE BOVILLON.

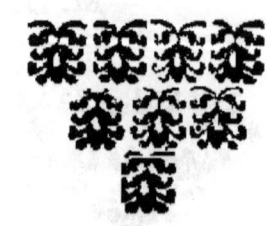

AIR
DE Mr DE CAMBEFORT.

Arbres, Rochers, doux & charmans Zéphirs,
  Ruisseaux, murmurantes Fontaines,
Dans voſtre ſein cachez mes déplaiſirs,
Seuls témoins de mes feux, confidens de mes peines,
Dites-moy ſi mon cœur n'oſant ſe declarer,
  Au moins peut ſoûpirer?

Hé bien, ſoûpirs, ne faites point de bruit,
  Montrez mes ſenſibles contraintes,
Mais ſeulement au cœur qui vous produit;
Ne pouuant te parler, cher objet, de mes craintes,
Que l'Echo qui m'entend puiſſe dire pour moy,
  Que ſi t'aime, c'eſt toy.

AIR
DE Mʳˢ LE CAMVS ET PERDIGAL.

A quoy pensiez-vous, Climene,
A quoy pensiez-vous d'aimer?
Ne sçauiez-vous pas la peine
Que souffre vn cœur qui se laisse enflâmer?
A quoy pensiez-vous, Climene,
A quoy pensiez-vous d'aimer?

Alors qu'auec tous ses charmes
Amour vient nous enflâmer,
Il faut ceder à ses armes,
Il faut languir, il faut se consumer,
Alors qu'auec tous ses charmes
Amour vient nous enflamer.

RESPONSE.

On n'y pense pas, Siluie,
Quand on commence d'aimer,
Et sans en auoir enuie,
En vn moment on se laisse enflamer;
On n'y pense pas, Siluie,
Quand on commence d'aimer.

Mad. DE SCVDERY.

MIS EN CHANT.

Vous qui brûliez tout le monde,
Vous brûlez à voſtre tour;
Voſtre beauté ſans ſeconde
A reſſenty le pouuoir de l'Amour;
Vous qui brûliez tout le monde,
Vous brûlez à voſtre tour.

AIR
DE Mr LAMBERT.

AH! beaux yeux, ne vous changez pas,
Ménagez vos diuins appas,
Ne vous mettez point en colere;
Vous estes faits pour estre doux,
Et moins vous auez de courroux,
Et plus vous l'art de plaire.

Quand vous nous paroissez fâchez,
Vos diuins attraits sont cachez,
Et vostre grace sans seconde;
Quand la douceur est auec vous,
On ne peut éuiter vos coups,
Beaux yeux, vous charmez tout le monde.

M. L'ABBE' DE BOYTE'.

AIR.

AMour, dont les charmes puiſſans
Ont ſceu par des traits innocens
Me ſoûmettre aux Loix de Siluie;
Haſte-toy d'eſtre mon ſupport,
Et puis qu'on éloigne ma vie,
Permets que ie coure à la mort.

Tu ſçais qu'vn genereux Amant
Dans vn ſi rude éloignement
Doit ſouhaiter de ne pas viure;
Et tu peux dans cette langueur,
S'il ne m'eſt permis de la ſuiure,
Faire qu'elle emporte mon cœur.

Mais Dieux! où me vois-je reduit?
Mon bonheur me plaiſt & me nuit,
Mon deuoir s'oppoſe à ma flâme,
Ie ne puis viure, ny périr;
Car ſi l'vn partage mon ame,
L'autre me defend de mourir.

A

AIR
DE Mr BOESSET.

Amour m'a mis hors de defense,
Ie suis sans resistance,
Malgré vostre rigueur vos traits sont tous puissans;
Ie m'en vay mourir, Celimene,
Toute mon esperance est vaine;
Helas! ie le connois au doux mal que ie sens.

Ce Dieu d'accord auec vos charmes
Me fait rendre les armes,
Et soûmet ma raison à vos traits tous puissans;
Ie m'en vay mourir, Celimene,
Toute mon esperance est vaine;
Helas! ie le connois au doux mal que ie sens.

MIS EN CHANT.

AIR.

Amour, ie te suis obligé
Du bien que tu m'as fait en me donnant Caliste;
Tout me rit, ie ne suis plus triste,
Mon mauuais destin est changé;
Venez, plaisirs, rendre le témoignage
De mon heureux seruage.

A  COVRANTE DE Mr DE LA BARRE,
Pour Mademoiselle de la Barre.

Allez où le Sort vous conduit,
Il faut partir, adorable Amarante,
Bien loin comme vne Etoile errante,
Vous brillerez au milieu de la nuit.
   Pour moy ie veux jusqu'au trépas
Auoir l'honneur d'accompagner vos pas,
Et de chanter en tous lieux vos loüanges,
     Lois que d'vne voix,
     Comme celle des Anges,
     Vous ferez des Loix.

   Les flots n'auront plus de rigueur,
Ils attendront que vous soyez passée,
Redoutez-vous la Mer glacée
Qui ne l'est pas auprés de vostre cœur?
   Quand mesme ceux que vous brûlez
Iusqu'à la mort se verroient desolez,
Par la rigueur d'vne absence inhumaine,
     Il faut réjoüir
     Cette adorable Reine
     Qui vous veut ouïr.

Ie sçay que son front glorieux
S'abaissera pour gouster vos merueilles,
Vostre voix charmant ses oreilles,
Fera languir l'éclat de ses beaux yeux.
　Si lors que vous aurez chanté,
Son bel esprit en paroist enchanté,
Vostre faueur ne sera plus commune,
　　Ie suis trop heureux,
　　Vostre bonne fortune
　　Bornera mes vœux.

M. TRISTAN.

SARABANDE.

Amarillis, ie renonce à vos charmes,
Vous me traittez auec trop de rigueur;
Pres de Philis ie verse moins de larmes,
Vn seul soûpir luy peut toucher le cœur;
Ie ne cours pas toûjours à la plus adorable,
La facile est pour moy la plus aimable.

Ie suis d'accord que vous estes plus belle,
Que vostre esprit est au dessus du sien;
Mais au moment que ie brûlay pour elle,
Son feu parut aussi-tost que le mien;
N'est-il pas naturel d'aimer ce qui nous aime?
Pour moy i'en vseray toûjours de méme.

Quand vous croyez simplement qu'on vous aime,
Vous ignorez le pouuoir de vos coups;
L'on ne sçauroit sans vn péril extréme
Vous voir souuent, & se plaire auec vous;
De la bonne amitié sçachez que d'ordinaire
L'on n'a jusqu'à l'amour qu'vn pas à faire.

AIR
DE Mr LAMBERT.

AV defaut de ma voix receuez mes soûpirs,
Ils vous diront, Tirsis, en leur langage,
Que si le Ciel secondoit mes desirs,
Ie vous donnerois dauantage.

M. LA COMTESSE DE LA SVZE.

AIR
DE B. D. B.

Aupres des beaux yeux de Siluie
Ie languis depuis vn long-temps;
Ie n'attens que la mort, mais la plus belle vie
Ne vaut pas la mort que i'attens.

SEGRAIS.

Ses rigueurs m'osteroient l'enuie
De rendre mes desirs contens;
Mais ie voy dans ses yeux que la plus belle vie
Ne vaut pas la mort que i'attens.

AIR
DE Mr LE CAMVS.

Allez, allez, rendres soûpirs,
Allez declarer mes desirs
A la Beauté que j'aime;
Faites-luy si bien vostre cour,
Qu'elle connoisse mon amour,
Sans luy dire moy-méme.

Allez jusqu'au fonds de son cœur,
Allez montrer à sa rigueur
Vostre pouuoir extréme;
Souuent telle y veut resister,
Quand elle aime à vous écouter,
Qui soûpire elle-méme.

M. LE MARQ. DE MAVLEVRIER.

A

SARABANDE.

Vos Autels i'ameine vne Victime,
Puniſſez moy, ie confeſſe mon crime,
Si par vos Loix c'eſt eſtre aſſez coupable,
Que d'aimer trop vn objet trop aimable.

Mon crime helas ! ſe punit de luy-méme;
Mourir d'amour ſans dire que l'on aime,
C'eſt bien aſſez lois que l'on eſt coupable,
Que d'aimer trop vn objet trop aimable.

AIR
DE Mr LE CAMVS.

Aminte, approche-toy de ce plaisant Bocage,
Entens de ces Oyseaux l'agreable ramage;
Ce qu'ils chantent la nuit, ce qu'ils chantent le jour,
Aminte, tout cela ne parle que d'amour.
M. DE SEGRAIS.

Ecoute les Zephirs, qui d'vn discret langage
Semblent dire vn secret aux fleurs de ce riuage;
Ce qu'il disent la nuit, ce qu'ils disent le jour,
Aminte, tout cela ne parle que d'amour.

Aminte, ils sont heureux quand ie suis miserable,
Tout rit à leurs desirs, tout leur est fauorable,
Ils sont heureux la nuit aussi bien que le jour,
Et i'éprouue en tout temps les rigueurs de l'Amour.

Consulte les Echos de ces lieux les plus proches,
Qui sans cesse pour moy te font mille reproches;
Ils te disent la nuit, ils te disent le jour,
Aminte, ton Tirsis s'en va mourir d'amour.
M. CORNV.

A
GAVOTTE
DE Mr BATISTE.

A La rigueur des ans
La voſtre vous expoſe;
Comme ils ſont inconſtans,
Ils changent toute choſe;
La Beauté n'a qu'vn temps,
Auſſi bien que la Roſe.

AIR
DE Mr BOESSET LE PERE.

A Quelle extremité le Ciel m'a-t'il reduit?
  Quel destin me conduit,
Pour mourir deuant vous, & ne vous pouuoir dire
Aminte ie me meurs, mais ne me plaignez pas,
De crainte que vos yeux, en pleurant mon martyre,
Ne démentent leurs traits qui causent mon trépas.

  Mais puis qu'il faut mourir, mourôs dõc innocent,
    Cette Belle y consent,
Et les vœux que i'ay faits d'estre à iamais fidelle;
Tout d'vn coup la douleur le saisit tellement,
Qu'il est tres-asseuré qu'il fust mort deuant elle,
Si le Ciel n'eust voulu prolonger son tourment.

AIR
DE Mr LAMBERT.

Amans infortunez, qui n'auez d'esperance
Qu'en la perseuerance,
Ne perdez plus vos pas;
Le secret est de plaire, & vous ne plaisez pas.

Vous auez beau porter sa couleur fauorite;
Si cela vous profite,
Cherchez d'autres appas;
Le secret est de plaire, & vous ne plaisez pas.

Si-tost que vous venez, Olimpe se retire,
N'est-ce pas assez dire?
Cherchez d'autres appas;
Le secret est de plaire, & vous ne plaisez pas.

Ie connois vos desseins, ie sçay ce qu'elle blâme,
Et ce qu'elle a dans l'ame,
Vn petit mot tout bas;
Le secret est de plaire, & vous ne plaisez pas.

Cleante vous fuyant, croyez-vous qu'il ne faille
Que la suiure où qu'elle aille?
C'est courir au trépas;
Le secret est de plaire, & vous ne plaisez pas.

M. PATRIS.

A

SARABANDE
DE Mr LE MARQVIS DE MAVLEVRIER.

Apprenez-moy d'où vient qu'à voſtre abord
   Ie ne ſuis plus quaſi moy-méme?
Seroit-ce point ſans en eſtre d'accord,
   Belle Philis, que ie vous aime?
Dés le moment que i'ay veu vos beaux yeux,
   I'en ay toûjours crû quelque choſe;
Car ie languis, & ſoûpire en tous lieux,
   Et n'en connois point d'autre cauſe.

Si voſtre cœur vous preſſoit en ſecret
   D'aller juſqu'où l'Amour engage,
Iettez les yeux ſur vn Amant diſcret,
   Pour vous guider en ce voyage,
Eloignez-vous de ces jeunes Ardans,
   De qui les feux brillent pour nuire;
Suiuez les miens, quoy que moins éclatans,
   Ils vous ſçauront bien mieux conduire.

Si vostre cœur vous pressoit tout de bon
  D'aller jusqu'où l'Amour préside,
Gardez-vous bien de choisir vn Barbon,
  Prenez plutost vn jeune Guide;
Eloignez-vous de ces foibles Ardans
  Dont les feux n'ont plus guère à viure;
Suiuez les miens, puis qu'ils sont plus brillans,
  Vous prendrez plaisir à les suiure.

Ny le Barbon, ny le jeune Blondin,
  Ne valent rien en ce voyage;
L'vn fait le prude, & l'autre le badin,
  L'vn est trop fou, l'autre est trop sage;
Mais le milieu seroit bien vostre fait,
  Entre la vieillesse & l'enfance,
Vous trouuerez en ce Guide parfait
  De la force & de la prudence.

Belle Philis, pour vn si doux plaisir,
  Quelque bien que l'on vous propose,
Vn cœur n'est plus en estat de choisir
  Si-tost que l'Amour en dispose;
Sans disputer quel âge est le meilleur,
  Pour bien placer vne conqueste,
Dés que l'Amour l'a dit à nostre cœur,
  La raison n'est plus qu'vne beste.

Qu'il est cruel en vous faisant sa cour,
 De vous cacher ce que l'on pense !
Qu'il est cruel d'auoir beaucoup d'amour,
 Et de languir sans esperance !
Ne laissez plus mon cœur en cet estat,
 Puis qu'à vos yeux il s'abandonne;
Car entre nous c'est vn assassinat
 De plaire, & de n'aimer personne.

Vsez-en mieux ; & lors qu'vn pauure Amant
 Vous parlera de son martyre,
S'il a l'esprit d'en parler galamment,
 Souffrez ce qu'il voudra vous dire;
En cas d'amour, vne plainte, vn soûpir,
 Ne décria iamais personne;
Mais seulement afin de mieux choisir,
 Prenez tous les cœurs qu'on vous donne.

Dans la foule de tous vos soûpirans,
 Penchez sur tout vers le fidelle,
Défiez-vous de ces soûpirs errans
 Qu'on voit aller de Belle en Belle;
Prenez vn cœur qui soit tendre & constant,
 Qui sçache brûler & se taire,
Et songez bien que le choix d'vn Amant
 N'est pas vne petite affaire.

AIR
DE Mr LE CAMVS.

ALors qu'aupres de vous ie languis, ie soûpire,
Ie ne sçay quel respect agite mes esprits,
 Las ! faut-il que ie n'ose dire
 Ce que vos beaux yeux m'ont appris?

M. DALIBRAY.

Mes pleurs en cet estat sont témoins de ma peine;
Et si mon cœur se taist, c'est qu'il craint vos mépris;
 Las ! faut-il que ie vous apprenne
 Ce que vos beaux yeux m'ont appris?

M. DE BOVILLON.

AIR.
RECIT DE Mr BOESSET.

Amans qui commencez à pousser des soûpirs,
    Sur vn objet arrestez vos desirs,
  Ne cessez point d'aimer ce qui vous blesse,
  Souuenez-vous que c'est vne foiblesse
    D'auoir au cœur de legeres amours;
Quand on aime vne fois, il faut aimer toûjours.

Ie puis bien seurement vous mener par la main
    Vers ce Palais dont ie sçay le chemin;
  Mais gardez-vous de suiure de faux Guides;
  Vous n'aurez point de plaisirs bien solides,
    Si vous n'auez de solides amours;
Quand on change vne fois, on veut cháger toûjours.

M. DE BENSSERADE.

AIR
DE Mr LAMBERT.

AH! Philis, que ie suis jaloux,
D'en voir soûpirer deuant vous
D'autres qui ressentent ma peine;
Méprisez mon cœur, & ma foy,
Mais pour le moins, belle inhumaine,
Que mon tourment soit tout à moy.

Non, ie ne prétens nullement
Que vous soulagiez mon tourment,
Mon audace n'est pas si grande;
Faites que ie sois sans Riual,
Tout le bien que ie vous demande,
C'est que personne n'ait mon mal.

SERENADE
POVR LE ROY.

Mr DE MOLLIER.

Allez, soûpirs, allez frapper au cœur
    De Celidore,
    De qui i'adore
    Mesme la rigueur;
Puis que le jour vous n'oseriez paraistre
    A l'ombre de la nuit,
    Volez, rien ne vous nuit,
    Frapez en Maistre,
    L'Amour vous conduit.

Vous luy direz que ie meurs languissant,
    Et que la flame
    Que i'ay dans l'ame
    Rend mon mal pressant;
Que cette nuit me doit estre eternelle,
    Et qu'enfin mon amour
    Me va priuer du jour,
    Si cette Belle
    Ne brûle à son tour.

M. DE MOLLIER.

AIR
DE Mr DE MOLLIER.

Appellez à vostre secours,
Mon cœur, pensez à vous defendre,
Ie voy mille petits amours
Qui ne tâchent qu'à vous surprendre;
Gardez bien que ces jeunes foux
Ne se rendent maistres chez vous.

Ces ennemis du Genre humain,
Seuls autheurs de nostre misere,
Viennent à vous la torche en main
Auec dessein de vous mal faire;
Gardez bien que ces jeunes foux
Ne se rendent maistres chez vous.

Connoissez-vous ces enragez
Que la belle Iris vous enuoye?
Si chez vous ils estoient logez,
Vous n'auriez ny repos ny joye;
Gardez bien que ces jeunes fous
Ne se rendent maistres chez vous.

On dit qu'ils sont issus des Dieux,
Mais ie croy que ce sont des fables;
Iris les forme dans ses yeux,
Et n'en sont pas moins redoutables;
Gardez bien que ces jeunes foux
Ne se rendent maistres chez vous.

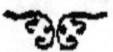

Des prudens ils sont redoutez,
Ne voyez-vous pas cette Belle
Les enuoyer de tous costez,
Et n'en retenir point chez elle?
Gardez bien que ces jeunes foux
Ne se rendent maistres chez vous.

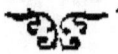

En joüant, ces malicieux
Qui ne sont iamais raisonnables,
Frappent comme des furieux,
Et les blessez sont incurables;
Gardez bien que ces jeunes foux
Ne se rendent maistres chez vous.

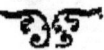

Pour vous tromper, ils vous feront
Cent agrémens, & cent caresses,
Et les petits fourbes seront
Toûjours menteurs en leurs promesses;
Gardez bien que ces jeunes foux
Ne se rendent maistres chez vous.

Mais las! bien loin d'en auoir peur,
Pour eux vous soûpirez sans cesse;
Vous voulez vous rendre, mon cœur,
Et c'est en vain que ie vous presse
De fermer la porte à ces foux,
Ie croy qu'ils sont déja chez vous.

M. DE S. PAVIN.

A L'INFANTE.
DE Mr DE MOLLIER.

AH ! que ie souffre loin de vous,
    Eluire,
Ah! que ie souffre loin de vous;
   Mais qu'il me seroit doux
Au milieu d'vn si cruel martyre,
   Qu'il me seroit doux,
Qu'en mesme temps vous pûssiez dire,
Ah ! que ie souffre loin de vous,
    Palmire,
Ah ! que ie souffre loin de vous.

AIR
DE Mr LAMBERT.

Astre naissant, merueille de la Cour,
Qui m'enflâmez d'vn si parfait amour,
Ie n'en puis plus, ma douleur est extréme,
Et sans espoir d'estre aimé, ie vous aime.

Du moins, beaux yeux, si ie suis rejetté,
Qu'vn autre Amant ne soit pas mieux traitté;
Ie n'en puis plus, ma douleur est extréme,
Et sans espoir d'estre aimé, ie vous aime.

AIR
DE Mr BOESSET LE PERE.

A Quel étrange choix m'obligez-vous, Siluie?
Vous voir sans vous aimer, vous aimer sans vous
En vous obeïssant, ie finiray ma vie;   [voir;
Si ie fais autrement, i'offense mon deuoir;
Cet Arrest ne doit pas sortir de vostre voix,
Et vous ne deuez pas me commander ce choix.

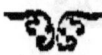

   Ignorez-vous l'estat de mon ame asseruie?
Aucun soulagement ie ne puis receuoir,
Si vous ne permettez pour le bien de ma vie
Que ie vous puisse aimer de mesme que vous voir;
On ne peut pas vous voir sans auoir de l'amour;
Vous aimer sans vous voir, c'est me priuer du jour.

AIR.

A Dieu, Beauté si charmante & si rare,
Puis que le Ciel pour vn temps nous separe;
Ie vous donne mon cœur tout enflamé d'amour,
Et ie n'emporte rien que l'espoir du retour.

AIR
DE Mr LAMBERT.

Allez, allez suiuez ses pas,
Mon cœur, ne l'abandonnez pas,
Demeurez toûjours auec elle;
Amour vous donne cette Loy,
N'estes-vous pas à cette Belle
Bien plus que vous n'estes à moy?

    Quittez, quittez ces tristes lieux,
Le Sort vous est trop rigoureux,
Il vaut mieux mourir aupres d'elle;
Amour vous donne cette Loy,
N'estes-vous pas à cette Belle
Bien plus que vous n'estes à moy?

M. ROYER.

MIS EN CHANT 44

SARABANDE

DE M. DE CHANCY.

AH! que le Ciel est contraire à ma vie
De s'opposer à mon contentement;
Ie meurs d'amour pour la belle Siluie,
Sans esperer aucun soulagement;
    Si ie l'appelle
    Pour me secourir,
    Cette cruelle
    Ne me peut souffrir
Que pour me voir mourir.

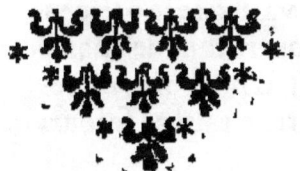

AIR

B. D. B.

Au secours, ma raison, au secours de mon cœur,
Le perfide se rend sans faire resistance,
Et cede aux loix de son vainqueur,
Seduit par la vaine apparence
D'vne fausse douceur;
Au secours, ma raison, au secours de mon cœur.

Il ne vient que trop tard ce secours que i'attens,
La place est déja prise, & i'ay rendu les armes,
Et c'est en vain que ie prétens
Re'ster contre tant de charmes:
Helas ! il n'est plus temps,
Il ne vient que trop tard ce secours que i'attens.

M. DE LA SALLE.

RECIT DE BALET
DE Mr DE CHANCY.

A Mon secours, Monarque des François,
Vn dur Tyran veut rauir ma franchise;
J'ay sceu ranger l'Vniuers sous mes Loix,
Et maintenant ie crains d'estre soûmise.

Vostre valeur m'a sauuée autrefois
De la fureur d'vne injuste entreprise;
J'ay sceu ranger l'Vniuers sous mes Loix,
Et maintenant ie crains d'estre soûmise.

Depuis mille ans c'est aux Lys que ie dois
Ce doux repos que le Ciel fauorise;
J'ay sceu ranger l'Vniuers sous mes Loix,
Et maintenant ie crains d'estre soûmise.

M. DESMARESTS.

AIR
DE Mr LAMBERT.

Amour, sous ton empire
On se plaint, on soûpire,
Apres que le trait est tiré;
Et moy blessé d'vne mortelle atteinte,
Ie n'ay pas fait ma plainte,
Ny soûpiré.

Auant que ie m'engage,
Il faut que ie sois sage,
Bien que ie sois desesperé;
On connoistroit d'où m'est venu l'atteinte,
Si i'auois fait ma plainte,
Et soûpiré.

SARABANDE.

Amarillis au partir de ce lieu,
Mon cœur te dit vn eternel adieu;
Si ta pitié ne me vient secourir,
Amarillis tu me verras mourir.

Las! ie voy bien que ma ferme amitié
N'a pû toucher ton ame de pitié,
Et que l'Amour, ce Tyran mon vainqueur,
Loge en tes yeux, & non pas dans ton cœur.

VILANELLE.

Aimable Solitude,
Bois qui charmez les sens,
De mon inquietude
Confidens innocens,
Est-il tourment plus rude
Que celuy que je sens?

Au bord d'vne Fontaine,
Les yeux baignez de pleurs,
Tu fis dit à Climene,
Touché de ses rigueurs,
Trop aimable inhumaine,
C'est pour toy que je meurs.

Chers Hostes des Bocages,
Oyseaux charmans & doux,
Par vos tristes ramages
Dequoy vous plaignez-vous?
Ie souffre dauantage,
N'en soyez point jaloux.

Le Faune & le Satyre
Dans ces lieux d'alentour,
Touchez de mon martyre,
Se disent tour à tour,
Que l'absence est le pire
De tous les maux d'Amour.

AIR
DE Mr LAMBERT.

Beaux yeux, qui captiuez les cœurs
De mille adorateurs,
Par tant d'attraits inéuitables,
Soyez brillans, soyez aimables,
Ie ne vous croiray plus, vous estes des flateurs.

En vain on se voit enchanté
De la douce clarté
Dont vous charmez des miserables;
Vous estes doux autant qu'aimables,
Mais vous ne dites pas vn mot de verité.

M. DE BOVILLON.

COVRANTE
DE Mr PINEL.

Beauté qui me voyez mourant,
  D'vn œil indiferent
Vous n'aurez plus de peine à me souffrir,
Ce soûpir importun est mon dernier soûpir,
  Ie n'attens pas de vous
  Vn traittement à ma flame plus doux;
  Mais seulement approuuez mes langueurs,
Et ie meurs satisfait de toutes vos rigueurs.

  Si vos yeux qui me font périr
    Daignoient me voir mourir,
Rien ne seroit égal à mon trépas,
Et beaucoup le voudroient qui ne l'obtiendroiët pas;
  Soyez sourde à mes vœux;
  Mais connoissez que ie suis amoureux,
  Sans que l'espoir soulage mes langueurs,
Et ie meurs satisfait de toutes vos rigueurs.

M. DE BENSSERADE.

AIR
DE Mr BOESSET LE PERE.

Beaux yeux si charmans & si doux,
Sources de flames & de crainte,
Iugez auec quelle contrainte
Ie meurs sans me plaindre de vous;
Du moins, beaux yeux, apres ma mort,
Pleurez la rigueur de mon sort.

Considerez par mon trépas
Si ma flame n'est pas discrette;
Et la voyant ainsi secrette,
Encore vous ne l'aimez pas;
Du moins, beaux yeux, apres ma mort,
Pleurez la rigueur de mon sort.

GAVOTTE.

Belle & charmante Brune,
  Pour qui ie meurs,
Si ie vous importune
  De mes langueurs,
La plainte en est commune
  A tous les cœurs.

Philis, en voſtre abſence
  Que deuiendront
Les jeux, les ris, la danſe?
  Ils languiront;
Helas! ie croy helas!
  Qu'ils en mourront.

Les Amours qui s'enfuyent
  Vous ſuiuent tous,
Helas! puis qu'ils s'ennuyent
  Auecque nous,
N'oubliez pas celuy
  Que i'ay pour vous.

Aupres de la Comtesse
 Meurt tous les jours
Quelqu'Amant qu'elle blesse
 Sans nul secours,
Et cependant la presse
 Y est toûjours.

AIR
DE Mr BOESSET LE PERE.

Beaux yeux, viues sources de flame,
Que vos regards sōt doux! que vos traits sōt charmās!
Et que i'ay de plaisir à reduire mon ame
    Sous les Loix de vos mouuemens!

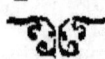

    Aussi sont-ils mes Dieux visibles
Qui peuuent d'vn regard soulager mon tourment;
Mais ie croy qu'à mes maux ils seront insensibles,
    Et qu'ils font souffrir en aimant.

AIR
DE Mr LE CAMVS.

Beaux yeux si perçans & si doux,
Depuis que ie brûle pour vous,
Ie cele mon tourment, mes douleurs sont muettes;
Beaux yeux qui causez ma langueur,
Puis que vous pénetrez dans le fonds de mon cœur,
Que n'y découurez-vous le mal que vous y faites?

En vain ie pousse des soûpirs,
Le respect qui tient mes desirs
Ne se peut exprimer par d'autres Interpretes,
Beaux yeux qui causez ma langueur,
Puis que vous pénetrez dans le fonds de mon cœur,
Que n'y découurez-vous le mal que vous y faites?

AIR
DE Mr LAMBERT.

Beaux yeux si doux & si charmans,
Sources de lumiere & de flame,
Que j'aurois de contentemens
A vous abandonner l'empire de mon ame !
Mais vos plus doux regards, mortels à mes plaisirs,
Font mourir mon espoir, & vivre mes desirs.

Espoir, où les plus malheureux
Trouvent du remede à leur peine;
Toy, qui meurs le dernier en eux,
Ne m'abandonne plus aux rigueurs de Climene,
Ou fais que dans ta mort, funeste à mes plaisirs,
Ie puisse aussi trouver celle de mes desirs.

Desirs, qui me pressez si fort
De vous abandonner mon ame,
Puis que tout mon espoir est mort,
Mourez, mais en mourant faites mourir ma flame;
Et vous, trop doux regards, mortels à mes plaisirs,
Ne me consumez plus d'inutiles desirs.

M. DE LA SALLE.

AIR

DE Mr LAMBERT.

Bien que mes esperances vaines
Fassent naistre en mon cœur d'inutiles desirs;
Bien que tes Loix soient inhumaines,
Amour, tous les autres plaisirs
Ne valent pas tes peines.

Bien que sous l'amoureux empire
Ie pousse nuit & jour mille & mille soûpirs,
Et que mon mal ie n'ose dire,
Ie croy tous les autres plaisirs
Moins doux que mon martyre.

AIR
DE Mr LAMBERT.

BElle Philis, entre nous deux
L'Amour a partagé ses feux;
Bien que vous paroissiez insensible à sa flame,
Pour vous favoriser il n'a sceu faire mieux;
   Les plus ardens sont dans mon ame,
   Et les plus brillans dans vos yeux.

Tous vos mépris sont impuissans,
Pour m'oster l'ardeur que ie sens;
Ie garde mon amour malgré vostre colere,
Ie suis né pour languir, comme vous pour charmer;
   Et si vos yeux sçauent bien plaire,
   Mon cœur sçait encor mieux aimer.

M. QUINAULT.

AIR
DE Mr BOESSET.

BElle Philis, dessous les Cieux
Il n'est rien de pareil à l'éclat de vos yeux,
   Il faut que tout leur cede;
Mais s'ils sont beaux, s'ils sont doux & charmans,
S'ils peuuent d'vn regard s'acquerir mille Amans,
Vostre cœur sans pitié fait mourir sans remede.

   Vous sçauez bien que dans vos fers
Ie n'ay point murmuré des maux que i'ay soufferts,
   De peur de vous déplaire;
Et i'esperois que ma constance vn jour
Flechissant vostre cœur, gagneroit vostre amour;
Mais helas ! depuis peu ie voy bien le contraire.

M. SCARRON.

AIR
DE Mr LAMBERT.

BEauté dont la bouche & les yeux
Donnent à mes desirs vn bienheureux présage,
   Le cœur & le visage
   Doiuent s'entendre mieux;
   Ils se veulent dédire,
L'vn promet le repos, & l'autre le martyre.

   Le cœur se rit de mes trauaux,
Et le visage seul est touché de ma flame;
   Dieux! le miroir de l'ame
   Est vn miroir bien faux!
   Accordez les ensemble,
Et faites que le cœur au visage ressemble.

   Ie voy le naufrage & le port,
I'espere quand ie crains, & ie crains quand i'espere;
   Ie parle, & me veux taire,
   Ie suis viuant & mort;
   Dans ce douteux orage
Donnez moy promptement le port, ou le naufrage.

Changez mon destin rigoureux
Par vne plus seuere, ou plus douce puissance;
Voyez que l'innocence
A fait vn malheureux;
Vous estes toute belle,
Soyez toute innocente, ou toute criminelle.

M. BEYS.

SARABANDE
DE Mr DE MOLLIER.

Bien qu'à vos pieds sans cesse ie soûpire,
Depuis qu'Amour sceut mon cœur enflamer,
Ie ne viens pas vous conter mon martyre;
    Ie viens vous dire
    Qu'il est doux d'aimer.

Aimez, Philis, soyez moins inhumaine,
Souffrez qu'Amour regle vostre desir;
Giaindre d'aimer est vne crainte vaine,
    Puis que la peine
    En fait le plaisir.

M. DE MOLLIER.

DIALOGVE
DE Mr LAMBERT.

TIRSIS.
Bergere, quel sujet te defend de me voir?
SYLVIE.
Tirsis, c'est la rigueur d'vn injuste pouuoir.
TIRSIS.
On pourra bien m'oster la vie,
Mais non pas ma Syluie.
SYLVIE.
On pourra bien m'oster le jour,
Mais non pas mon amour.
TIRSIS & SYLVIE.
Aimõs nousdõc toûjours, aimõs nous sãs nousledire,
Assez parle d'amour, qui languit & soûpire.

AIR
DE Mr BOESSET.

Brise tes fers, cœur lâche & malheureux,
Peis tes respects, & tes soins amoureux,
  Iris est infidelle;
  Il est vray qu'elle est belle,
 Mais elle a l'esprit trop leger;
 Puis qu'elle t'a voulu changer,
  Change comme elle.

Ferme les yeux, ne la regarde plus,
Tous ses appas sont pour moy superflus;
  O la rigueur extréme !
  Il est vray que ie l'aime,
 Mais elle souffre vn autre Amant;
 Puis qu'elle court au changement,
  Change de méme.

Quelle raison te sçauroit retenir?
Fay tes adieux pour ne plus reuenir
  Pres de cette infidelle;
  Ne la croy plus si belle;
 Méprise cet esprit leger;
 Et voyant qu'elle aime à changer,
  Change comme elle.

Mais s'il falloit que son esprit reuint,
Et que son cœur tendrement se souuint
De ton amour fidelle,
Souuiens-toy qu'elle est belle;
Quelqu'autre objet qui te puisse enflamer,
Si tu te sens encore aimer,
Aime comme elle.

M. DE BOISROBERT.

B

SARABANDE.

Bien que ie sçache qu'on ne peut pas
En vous aimant éuiter le trepas,
    Ie veux vous suiure,
    Et ne puis viure
Loin de vos yeux plus brillans que le jour;
Puis que tout meurt, ie veux mourir d'amour.

    Bien que ie sçache que vos rigueurs
    Augmenteront sans cesse mes langueurs,
    Ie veux vous suiure,
    Et ne puis viure
Loin de vos yeux plus brillans que le jour;
Puis que tout meurt, ie veux mourir d'amour.

    Objet aimable, rare Beauté,
    Dont les attraits m'ostent la liberté;
    Quoy que i'endure,
    Mon auanture
Ne peut auoir qu'vn titre glorieux,
Puis que l'on sçait que ie meurs pour vos yeux.

AIR
DE Mr LAMBERT.

Beaux yeux, arbitres de mon sort,
D'où vient que ces regards dont l'amoureuse flame
Brilloit si doucement jusqu'au fonds de mon ame,
Sont changez en éclairs qui m'annoncent la mort;
    Beaux yeux, si i'ay pû vous déplaire,
Au moins par mon trépas ie vay vous satisfaire.

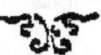

    Ie ne demande qu'vn moment
Pour sçauoir le sujet qui me rend miserable;
Apres cela, beaux yeux, innocent, ou coupable,
Ie mouray sans me plaindre, & diray seulement;
    Beaux yeux, si i'ay pû vous déplaire,
Au moins par mon trépas ie vay vous satisfaire.

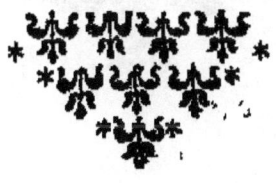

AIR
DE Mr DE CAMBEFORT.

Belle Aminte, on ne sçauroit voir
Sans amour, ou sans desespoir,
Tant de beautez dont vous estes pourueuë;
Belle Aminte, ie vous ay veuë.

Si-tost qu'on vous entend parler,
En vain on veut dissimuler,
On sent au cœur vne mortelle atteinte;
Vous m'auez parlé, belle Aminte.

AIR.

Beauté dont les regards vainqueurs
Font innocemment dans les cœurs
Des coups que personne n'éuite;
Astres adorez à la Cour,
Que l'excés de vostre merite
Oste le prix de mon amour!

C'est peu qu'vn sensible regret
Me fasse languir en secret,
Dés lors que le Ciel vous éloigne;
Astres adorez à la Cour,
Il faut que ma mort vous témoigne
Ce que peut mon extréme amour.

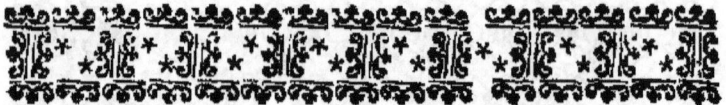

AIR
DE Mlle DU VOULDY.

Beaux desirs d'vne ame amoureuse,
  Ne cessez point de m'affliger,
  Ma peine est vne peine heureuse
Que ie voudrois accroistre, & non pas alleger;
  Et quand bien ie perdrois le jour,
Pourrois-je mieux mourir, que de mourir d'amour?

  Vous, soûpirs, gardez le silence,
    Car nos maux se doiuent celer;
    Puis qu'Amarillis s'en offense,
Il vaut bien mieux mourir, que iamais en parler;
    Et quand bien ie perdrois le jour,
Pourrois-je mieux mourir, que de mourir d'amour?

AIR
DE Mr DE CHANCY.

BEaux lieux, qui tant de fois
Auez sceu de mon ame
La veritable flame
Par l'accent de ma voix,
Apprenez à Siluie
Qui vous voit chaque jour,
Que ie perdray la vie
Plûtost que mon amour.

   Vous, agreables fleurs
Qui parez cette Plaine,
Au recit de ma peine
Baignez-vous de mes pleurs,
Pour montrer à Siluie
Qui vous voit chaque jour,
Que ie perdray la vie
Plutost que mon amour.

AIR
DE Mr. BOESSET LE PERE.

Beaux lieux où l'Art & la Nature
Etalent leurs charmes diuers,
Tableau viuant dont les Hyuers
N'osent effacer la peinture,
Montrez-nous Lidiane, ou cachez vos appas;
Si cet Astre ne luit, nous ne les aimons pas.

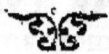

Onde si paisible & si belle,
Diuin ornement de ces lieux,
Cristal mouuant, sejour des Dieux,
Source de douceur sans pareille,
Montrez-nous Lidiane, ou cachez vos appas;
Si cet Astre ne luit, nous ne les aimons pas.

GAVOTTE.

Bergere, à quoy cette rigueur
Qui tyrannise mon ame?
Ie seray volage, si ton cœur
Cherche vne nouuelle flame;
Ie seray leger, si tu veux estre legere;
Ainsi nostre amour finira,
Et puis nous verrons, Bergere,
Qui de nous s'en repentira.

Tu soûris indiferemment
A quiconque te cajole;
Vn soûpir comme vn compliment
Peut engager ta parole,
Ie seray leger, si tu veux estre legere;
Ainsi nostre amour finira;
Et puis nous verrons, Bergere,
Qui de nous s'en repentira.

AIR

Beaux yeux, helas ! est-il possible
Qu'on éuite des traits si doux?
Et qui ne meurt d'amour pour vous,
N'a-t'il pas vn cœur insensible?
Ie me meurs, mais ie ne dis pas
Ce qui me donne le trépas.

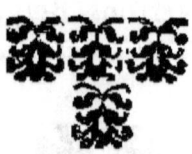

L'Amour... mais Dieux! que veux-je dire?
D'insolence ie suis suspect;
Ne sçay-je pas que le respect
Veut que ie cele mon martyre?
Mourons donc, & ne disons pas
Ce qui nous donne le trépas.

MIS EN CHANT. 75

AIR.

BEau sujet de mon mal, ie ne vis que d'espoir
Ou de mourir, ou de te voir;
Ie ne voy rien absent de toy,
Et ie voy tout quand ie te voy.

Eloigné des appas qui me font soûpirer,
Ie n'ay des yeux que pour pleurer;
Ie ne voy rien absent de toy,
Et ie voy tout quand ie te voy.

AIR.

Bien que Philis se plaise à ma souffrance,
Et que mon mal ne se puisse exprimer,
Qu'à mes desirs elle oste l'esperance,
Ie ne sçaurois m'empescher de l'aimer.

Que sa rigueur la rende inaccessible,
Qu'en vain l'Amour me fasse consumer,
Et qu'en m'aimant ma mort soit infaillible,
Ie ne sçaurois m'empescher de l'aimer.

SARABANDE.

BElle Iris, malgré vostre courroux,
Si jamais vous reuenez à vous,
Vous rirez, & i'engage ma foy
Qu'aussi-tost vous reuiendrez à moy.

Qu'il se perd d'agreables momens,
Quand la guerre est entre deux Amans!
Mais enfin le dépit doit ceder
Au plaisir de se raccommoder.

Flatez moy d'vn soûris gratieux,
Que l'Amour radoucisse vos yeux;
O beaux yeux si long-temps mutinez,
Dites-moy si vous me pardonnez?

Belle Iris, que vous diray-je plus?
Vous sçauez que Mandane & Cyrus
Bien souuent se sont entre-grondez,
Et toûjours se sont raccommodez.

Pour Astrée autrefois Celadon
De dépit se jetta dans Lignon;
Le Berger reuint, & fit sa paix,
Et se vid aimé plus que iamais.

M. DE CHARLEVAL

GAVOTTE
DE Mr DE BOVILLON.

Climene se plaint de moy,
Et moy ie me plains d'elle;
Voulez-vous sçauoir dequoy
Nous vient cette querelle?
C'est d'auoir manqué de foy,
Qui n'est que bagatelle.

Ie croyois que nostre amour
Deuoit estre immortelle;
Mais voyant le mauuais tour
Que m'a fait la cruelle,
Mon feu n'a duré qu'vn jour,
La chose est naturelle.

Ie ne sçay comme l'entend
Cette injuste rebelle;
Si son cœur est inconstant,
S'il me fut infidelle,
Le mien en a fait autant,
C'est vne bagatelle.

M DE BOVILLON.

AIR
DE Mr DE CAMBEFORT.

Consolez-vous, Diuinitez mortelles,
Qui voulez posseder tout l'Empire d'Amour,
Vos yeux vont estre absolus à la Cour,
Aminte va partir, vous serez les plus belles.

Tous vos Amans qui ne sont pas fidelles,
Le seront pour le moins jusques à son retour;
Vos yeux vont estre absolus à la Cour,
Aminte va partir, vous serez les plus belles.

M. DE BOISROBERT.

AIR
DE Mr LAMBERT.

CEtte ingrate est-elle insensible,
Que ton trait inuincible
Ne la puisse toucher?
Amour, il y va de ta gloire
De me donner victoire
Sur ce cœur de rocher.

Vne Fille auoir cette audace
De defendre vne Place
Si long-temps contre toy?
Si tu ne punis la rebelle,
Chacun voudra comme elle
S'affranchir de ta loy.

Sauue ton honneur & ma vie
Des rigueurs dont Siluie
Nous outrage si fort;
Amour, fais luy rendre les armes,
I'implore auec larmes
Ton secours, ou ma mort.

M. DE LA LANE.

AIR
DE Mr MOULINIE.

Cloris, c'est trop me découurir
  Vos beautez trop aimables,
Ie ne les puis voir sans en mourir;
Cachez mieux ces traits adorables
    Dont vous me blessez,
    Ie vous rends les armes,
    Ie répands des larmes,
      C'est bien assez.

Fermez ces yeux doux & charmans,
    De qui les feux coupables
Font autant de morts qu'ils font d'Amans;
Cachez mieux leurs traits adorables
    Dont vous me blessez,
    Ie vous rends les armes,
    Ie répands des larmes,
      C'est bien assez.

M. DE BOUILLON.

AIR

DE Mr MOVLINIÉ.

C'En est fait, il me faut mourir,
Puis qu'au lieu de me secourir
Vous fermez l'oreille à mes plaintes;
　Ah! Melite, si mes douleurs
Estoient sur mon visage,
Pourriez-vous retenir vos pleurs?

Quoy, mes maux n'ont pû vous toucher?
Vous portez vn cœur de rocher
Aussi franc d'amour que de crainte?
　Ah! Melite, si mes douleurs
Estoient sur mon visage,
Pourriez-vous retenir vos pleurs?

BALLET.

C'En est fait, Amour est vainqueur,
Ie sens bien que mon cœur
Cede à son effort,
Mais le coup m'en plaist, & ie hay la vie
Quand l'œil de Siluie
Est la cause de ma mort.

Mes tourmens sont bien rigoureux;
Mais ie suis trop heureux,
Et benis mon sort,
Puis que i'ose dire en perdant la vie,
Que l'œil de Siluie
Est la cause de ma mort.

Ce bel œil a des traits charmans,
Et met tous ses Amans
Dans vn doux transport;
Suis-je pas heureux en perdant la vie,
Que l'œil de Siluie
Est la cause de ma mort.

AIR
DE Mr DE CAMBEFORT.

Cessez, vous estes criminelles,
Plaintes, larmes, douleurs, témoins de mes ennuis,
Philis ne m'entend plus en l'estat où ie suis;
　Et bien que vous soyez fidelles,
　Cessez, vous estes criminelles.

　Allons où le sort nous appelle,
Plaintes, larmes, soûpirs, témoins de mes langueurs,
La mort nous guerira des injustes rigueurs
　D'vne Beauté plus dure qu'elle,
　Allons où le sort nous appelle.

M. DE BOVILLON.

AIR
B. D. B.

C'Est bien à tort que l'on se plaint d'Amour;
Quoy que ie brûle nuit & jour,
Philis, mon bonheur est extréme,
Rien n'est fâcheux aux vrais Amans,
Ie ne ressens point de tourmens,
Ou si j'en ressens, ie les aime.

       M. DALIBRAY.

Qu'vn autre cœur murmure à tout moment
Contre vn objet doux & charmant;
Pour moy ie n'en fais pas de méme,
Dans le plus fort de mes langueurs
Ie ne répans iamais de pleurs,
Ou si i'en répans, ie les aime.

       M. DE BOVILLON.

AIR
DE Mr BOESSET.

COmment ay-je pû consentir
A me separer de Siluie?
Deuois-je la laisser partir
Sans y laisser aussi la vie?
Et perdant cet Astre d'Amour,
Mes yeux deuiez-vous pas aussi perdre le jour?

Pourray-je iamais témoigner
Combien i'estime sa presence,
Puis que la voyant s'éloigner,
I'ay pû supporter son absence?
Et perdant cet Astre d'Amour,
Mes yeux vous n'auez pas aussi perdu le jour.

AIR
DE Mʳˢ LE CAMVS ET LAMBERT.

Charmante Iris, ie crains vostre courroux,
Si ie vous dis que ie brûle pour vous,
Et que ie veux mourir sous vostre empire;
Mais vos beaux yeux sçauent si bien charmer,
Que l'on ne peut viure sans vous aimer;
 Ny vous aimer sans vous le dire.

Mad DE SCVDERY.

AIR
DE Mr LAMBERT.
POVR LA REYNE.

C'Est trop faire languir de si justes desirs,
  Reyne, venez asseurer nos plaisirs
  Par l'éclat de vostre presence;
Venez nous rendre heureux sous vos augustes Loix,
  Et receuez tous les cœurs de la France
  Auec celuy du plus grand de ses Roys.

M. DE CORNEILLE.

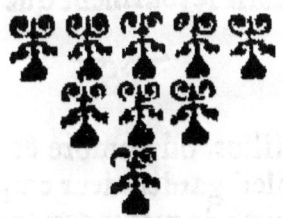

SARABANDE
DE Mr DE VERPRÉ.

CHers Hostes des Bois, amoureux Zephirs,
Qui chassez les ardeurs quand le Ciel s'enflame,
En vain vous flatez mes brûlans desirs,
Rien ne peut soulager le feu de mon ame;
Ny vostre fraischeur, ny vostre murmure,
Ne sçauroit guerir le tourment que i'endure.

Delices des Prez, gazoüillans Ruisseaux
Où s'étanche la soif de mon inhumaine,
Je donne des pleurs à vos claires eaux,
Mais vous ne donnez point remede à ma peine;
Ny vostre fraischeur, ny vostre murmure,
Ne sçauroit guerir le tourment que i'endure.

Boccages feüillus, où l'ombre & le frais
En dépit du Soleil gardent leur empire,
Vous auez pitié de mes maux secrets,
Puis que vous frémissez lors que ie soûpire;
Mais vostre fraischeur, ny vostre murmure,
Ne sçauroit guerir le tourment que i'endure.

Cauerne sans jour, Roc inhabité,
Qui d'vn son douloureux me rendez ma plainte,
Ma peine émeut bien vostre dureté,
Et l'ingrate Philis n'en peut estre atteinte;
Mais vostre fraischeur, ny vostre murmure,
Ne sçauroit guerir le tourment que i'endure.

M. DESMARESTS.

AIR
DE Mr LAMBERT.

Charmans Deserts où l'Amour me conduit,
    Antres obscurs, où loin du bruit
Vn malheureux Amant peut soûpirer sans crainte,
    Vous adoucissez mes ennuis,
Et me faites bien voir en l'estat où ie suis,
Que le Ciel vous a faits plus sensibles qu'Aminte.

        M. LE M. DE MOMPIPEAV.

AIR
DE Mr BATISTE.
POUR LA PAIX.

Courage, Amour,
La Paix est faite,
Plus de tambour,
Plus de trompette;
Dans nos Bois & dans nos Champs
On n'entend plus que des chants,
Ou quelques plaintes legeres
De Bergers & de Bergeres,
Les plaisirs auront leur tour,
Courage, Amour.

Iamais saison
Ne fut si belle,
C'est la raison
Qu'elle soit telle;
Car le Maistre du Troupeau
Est jeune, galand, & beau;
L'on ne voit sur les fougeres
Que Bergers & que Bergeres
Qui se meslent nuit & jour,
Courage, Amour.

M. DE BENSSERADE.

SARABANDE
DE Mr DE MOLLIER.

C'Est trop soûpirer pour l'injuste Climene,
 Ostons à ses yeux ce cruel plaisir;
Quittons, quittons cette esperance vaine,
 Dont l'inhumaine
 Pour augmenter ma peine
 Flate mon desir;
A la fin i'ay trouué le secret de guerir,
Adieu, Climene, ie m'en vay mourir.

M. DE MOLLIER.

AIR
DE Mr LAMBERT.

Cessez de m'attaquer auec des yeux si doux,
Philis, i'aime Vranie, elle m'aime, elle est belle,
    Ie ne dois viure que pour elle;
Cependant ie suis prest de ceder à vos coups;
Que ne puis-je estre à deux sans me rendre infidelle?
Ou que ne suis-je à moy pour me donner à vous?

  Hé quoy! si ie changeois pour suiure vostre Loy,
Pourriez-vous bien souffrir vn perfide, vn volage?
    Mon changement vous feroit sage;
Receuez donc mes vœux, & laissez luy ma foy;
Mais ne vous plaignez pas d'vn si juste partage,
Ie vous donne, Philis, ce qui peut estre à moy.

                      M. LE CLERC.

AIR
DE Mr LAMBERT.

CHarmante Iris, quand ie vous voy paraistre,
Ma joye & ma douleur se font assez connaistre;
Mon cœur s'explique trop à qui veut l'écouter;
Mais vous fermez l'oreille, & vous voulez douter,
Ingrate, de l'amour que vous auez fait naistre.

Tant de soûpirs, de plaintes, & de larmes,
Tant de tourmens soufferts sous l'effort de vos armes
Ne vous ont-ils pas dit quel est vostre pouuoir?
Vous détournez les yeux, & ne voulez pas voir,
Cruelle, ce qu'Amour emporte par vos charmes.

M. LE M. DV CHASTELET.

Ie souffre assez de vostre indiference,
Et vos yeux trop cruels, témoins de ma souffrance,
S'en vont se dérober à mon cœur amoureux;
Vous faut-il tant de maux pour faire vn malheureux?
Ingrate, choisissez la rigueur, ou l'absence.

AIR
DE Mr BOESSET LE PERE.

CAliste, au lieu de me punir,
  Ecoutez mon martyre;
Vous me voulez trop toſt bannir,
  Ie n'ay qu'vn mot à dire;
I'aime, c'eſt tout ce que ie puis
  Vous dire en l'état où ie ſuis.

Quoy, pour vn mot voſtre rigueur
  Se fait voir ſans pareille?
Celle qui m'a rauy le cœur
  Me refuſe l'oreille;
I'aime, c'eſt tout ce que ie puis
  Vous dire en l'état où ie ſuis.

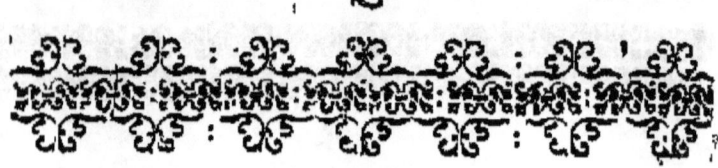

AIR.

Cher objet qui rauit mes sens
  Par des charmes puissans,
Permets au moins que ie te puisse suiure,
Puis que sans toy ie ne puis viure.

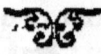

Si tes yeux qui donnent le jour
  Regardoient mon amour,
Ta cruauté seroit du tout extréme
De n'aimer pas celuy qui t'aime.

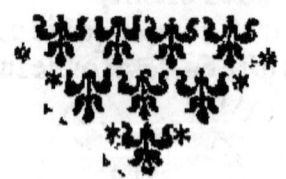

AIR
DE Mr MOULINIÉ.

Cruels gouuerneurs de mon sort,
Voyez où mon depart doit engager ma vie;
Blessé comme ie suis, si ie quitte Syluie,
    Que dois-je attendre que la mort?
    Mais las! quel soucy m'importune,
    Si i'obeïs en mesme jour
    Par mon depart à ma fortune,
    Et par ma mort à mon amour!

Soleil qui me durez si peu,
Bien que vous conseruiez vostre clarté premiere,
Faudra-t'il que mes yeux perdant vostre lumiere,
    Mon cœur brûle de vostre feu?
    Mais las! quel soucy m'importune,
    Si i'obeïs en mesme jour
    Par mon depart à ma fortune,
    Et par ma mort à mon amour!

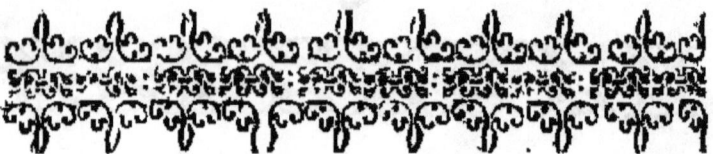

AIR.
DE Mr RICHARD.

Cessez mes soûpirs & mes larmes,
Moderez vostre ardeur, desirs précipitez;
Doit-on pas acquerir la Reyne des Beautez
Par le prix de son sang, & le péril des armes?
  Ie ne vis plus que de l'espoir
De vaincre ou de mourir, de mourir ou la voir.

Voyez, ô divine Carite,
Comme l'injuste sort de ma gloire est jaloux;
Ie ne puis vous auoir qu'en m'éloignant de vous,
Et pour vous posseder il faut que ie vous quitte;
  Ie ne vis plus que de l'espoir
De vaincre ou de mourir, de mourir ou la voir.

AIR
DE Mr LAMBERT.

Essons les soûpirs & la plainte,
Ne pensons plus à nous guerir,
Ayant perdu l'espoir aussi bien que la crainte
Qui nous empesche de mourir;
Mon cœur, obeïssons à l'ingrate Syluie,
Son mépris nous defend la vie.

Ne nous arrestons plus aux larmes,
Allons d'vn genereux effort
Chercher aueuglement au milieu des alarmes
Le secours que donne la mort;
Mon cœur, obeïssons à l'ingrate Syluie,
Son mépris nous defend la vie.

SARABANDE
DE Mr LE CAMVS.

Celuy qu'Amour n'a iamais pû charmer,
Pour son repos doit craindre ta presence;
Et celuy-là qui cesse de t'aimer,
S'il te reuoit, il faut qu'il recommence.

CHANSON A DANSER.
B. D. B.

C'Est auoir pour mon cœur
Vn trop peu de rigueur;
Philis, laissez-moy prendre
Ce qui peut m'appaiser;
Ie ne veux qu'vn baiser
Autant qu'il peut s'étendre.

Les maux que i'ay soufferts
Depuis que ie vous sers,
Vous forcent à vous rendre
Sans plus me refuser;
Ie ne veux qu'vn baiser
Autant qu'il peut s'étendre.

Pensez-vous qu'vn baiser
Se doiue tant priser?
Soyez moins difficile;
Quand vous l'accorderez,
Philis, vous en aurez
Encore plus de mille.

M. DE BOVILLON.

AIR
DE Mr LAMBERT.
Sur la mort de Mad....

Cessez de flatter mes langueurs,
Sanglots, plaintes, soûpirs, & vous mes tristes pleurs,
Inutiles effets de mon regret extrême;
Rien ne peut soulager les sensibles douleurs
D'vn malheureux Amant qui perd tout ce qu'il aime.

M. LE MARQVIS DE MONPIPEAV.

AIR
DE Mr LE CAMVS.

Cessez, jaloux regards, vous qui faites ma peine,
    Cessez de m'alarmer;
Vous pouuez m'empescher de parler à Climene,
Mais vous ne pouuez pas m'empescher de l'aimer.

SARABANDE
DE Mr BAVNY.

C'Est trop me dire,
    Quand ie soûpire,
Qu'vn autre objet m'a déja sceu charmer;
Car en aimant celle que i'ay seruie,
    Belle Syluie,
Ie n'ay rien fait qu'apprendre à vous aimer.

I'estois sans crainte,
    Et sans contrainte,
Lors que l'Amour m'auoit mis dans ses fers;
Ie ne sçauois ce qu'vne belle flame
    Peut sur vne ame,
Mais ie le sçay depuis que ie vous sers.

COVRANTE.

CRuel Tyran de mes desirs,
Fâcheux respect qui me faites mourir;
Vous me defendez les soûpirs
Pres de l'objet qui me peut secourir;
Et tout prest de perdre le jour,
Vous m'ordonnez de cacher mon amour.

GAVOTTE
DE Mr LE CAMVS.

D'Où me vient la tristesse
Qui m'accable en ces lieux?
Ie soûpire sans cesse,
Tout me semble ennuyeux;
Ah! ma chere Maistresse,
Ie suis loin de vos yeux.

M. CORNV.

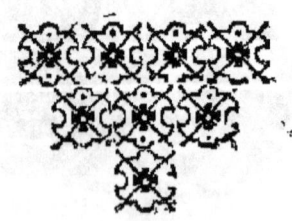

SUR LE MESME AIR.

Pour Madame la Princeſſe d'Angleterre.

Dans la nuit agreable
De ces champeſtres lieux,
D'où vient l'éclat aimable
Qui fait rougir les Cieux?
Ha! Princeſſe adorable,
C'eſt l'éclat de vos yeux.

Les ſoûpirans de Flore
Dans ce Bois écarté,
Vous prendroient pour l'Aurore
Qui nous rend la clarté,
Si cette Belle encore
N'auoit moins de beauté.

La blonde Tourterelle
Voyant des yeux ſi doux,
Deuient vne infidelle,
Et dit ſans ceſſe à tous;
Ha! que vous eſtes belle,
Ie veux changer pour vous.

M. DE BOVILLON.

AIR.

Deux beaux yeux noirs, vn teint de lys,
    Vne humeur enfantine,
Mille traits qui sont embellis
    D'vne grace diuine,
Sont les objets de mon soucy,
    C'est enfin ce que i'aime:
Pour moy ie croy que c'est vous-même,
Ne le croyez-vous pas aussi?

I'Aime Philis, i'aime ses yeux,
    Ses charmes sont sans nombre,
Pres d'elle le flambeau des Cieux.
    Ne paroist rien qu'vne ombre;
Mais n'en soyez point en couroux,
    Merueille sans seconde;
Si c'est la plus belle du monde,
Ce ne sçauroit estre que vous.

Ie ne sçay pas ce que ie veux,
    Ie pleure & ie soûpire,
Ie vous adresse tous mes vœux,
    Et ie n'ose le dire,
A tous momens ie viens icy,
    Pressé d'ardeur extréme:
Pour moy ie croy que ie vous aime,
Ne le croyez-vous pas aussi?

AIR.

Es le moment que ie vous vis,
Mon respect vous fit voir ma flame;
Ie vous aimay, ie vous seruis,
Vous fustes Reyne de mon ame;
Mais, diuine Cloris, jugez quel est mon sort,
Le seul bien que i'attens est celuy de la mort.

Déja ma raison abbatuë
Ne fait plus qu'vn leger effort;
Quel bizarre effet de mon sort?
I'idolâtre ce qui me tuë;
Mais, diuine Cloris, jugez quel est mon sort,
Le seul bien que i'attends est celuy de la mort.

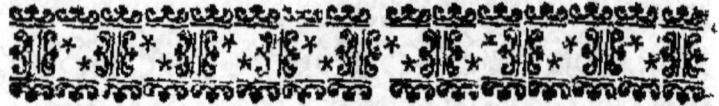

AIR
DE Mr LAMBERT.

Disposez de mon sort au gré de vostre haine;
Philis, ordonnez-moy de courir au trépas,
 J'obeïray, belle inhumaine,
Mais ne m'ordonnez point de ne vous aimer plus.

Non, ie ne prétens pas que ce cœur insensible
Ait pitié de mes maux, & le veüille guerir;
 Ie consens qu'il soit inuincible,
Et ne veux seulement que l'aimer & mourir.

SARABANDE.

Doux Ruisseaux, coulez sans violence,
Rossignol, ne vante plus ta voix;
Taisez-vous, Zephirs, faites silence,
C'est Iris qui chante dans ce Bois.

Ie l'entens, & mon cœur qu'elle attire
La connoist à ses diuins accens,
Aux transports que sa douceur inspire,
Mais bien mieux aux peines que ie sens.

Que ses yeux ont d'attraits & de charmes!
Que mon cœur a pour eux de tourment!
I'ay payé mille fois de mes larmes
Le plaisir de les voir vn moment.

GAVOTTE.

B. D. B.

D'Où vient que de ce Bocage
Qui plaisoit tant à mes yeux,
Le sejour m'est ennuyeux,
Et qu'il me paroist sauuage?
Helas! belle Iris, helas!
C'est que ie ne vous y vois pas.

Si le Rossignol y chante,
Ie deuiens tout interdit,
Car il semble qu'il me dit
Que mon Iris est absente;
Helas! belle Iris, helas!
Qu'on souffre en ne vous voyant pas.

Cruel, luy dis-je en colere,
Tu redoubles mon soucy;
Si ma Belle estoit icy,
Elle te feroit bien taire,
Et par ses diuins accens
Charmeroit les maux que ie sens.

Ah ! que ne suis-je aupres d'elle,
A l'ombre de ces Buissons,
I'entendrois mille Chansons
Que me diroit cette Belle;
Mais pour mon malheur, helas!
I'y suis, & ie ne l'y vois pas.

       B. D. B.

AIR
DE Mrs DE MOLLIER ET LAMBERT.

DElices de mon cœur, aimable souuenir,
    Qui viens m'entretenir
    De la belle Climene;
Parle moy de ses yeux, parle moy de ses traits,
    Mais des rigueurs de l'inhumaine
    Ne m'en parle iamais.

Rappelle ces pensers qui peuuent rendre heureux
    L'esprit d'vn Amoureux
    Dans ce lieu solitaire;
Parle moy de ses yeux dont i'adore les traits,
    Mais de ce qui peut me déplaire
    Ne m'en parle iamais.

M. DE BOVILLON.

AIR
DE Mr LAMBERT.

Diuins autheurs de ma nouuelle flame,
  Beaux yeux qui touchastes mon ame
    Aussi-tost que mes sens,
  Ie n'ay point honte de me rendre;
Contre des ennemis si doux & si puissans
    Qui pourroit se defendre?

  Contre leurs traits ie ne trouuay point d'armes,
    Et mon cœur surpris par leurs charmes
      Vint en vostre pouuoir;
    Ie veux benir cette surprise,
Et n'ay point de regret que le bien de vous voir
      M'ait cousté ma franchise.

GAVOTTE
DE Mr. BATISTE.

Dois-je vous aimer, Siluie?
Dites-le moy tout de bon,
Dois-je vous aimer, ou non?
Depuis peu i'en meurs d'enuie;
Ie suis las de n'aimer rien;
Mais ie n'aimeray de ma vie,
Si ce ce n'est qu'on m'aime bien.

Parmy vous c'est estre prude
Que d'engager vn Amant,
Pour rire de son tourment;
Vous n'estes qu'ingratitude,
Mais vous auez mille appas;
Ah! que l'on souffre, ah! qu'il est rude
D'aimer, & de n'aimer pas.

M. DE PELISSON.

MIS EN CHANT.

SARABANDE.

Dès le moment que ie vis cette Belle
Maistresse de mon cœur & de ma liberté,
Ie fus forcé de reconnoistre en elle
Les charmes de sa voix, les traits de sa beauté;
　　Rauy dans vn transport extréme,
Mon cœur comme vn Echo répondit à sa voix,
　　Et luy redit à chaque fois,
　　Pour moy ie croy que ie vous aime.

AIR
DE Mr LE CAMVS.

DE tous les cœurs qui sont sous vostre empire,
Il n'en est point, Iris, de faits comme le mien,
   Qui souffre, & qui soûpire,
     Sans vous le dire;
Ou si vous en auez, Iris, gardez-le bien.

D

VILANELLE
DE Mr DE ROZIERS.

Dans le fonds d'vn Bois
Timandre soûpire,
Chantant sur sa Lyre
D'vne triste voix ;
Ah! Lisimene,
Veux-tu pas vn jour,
Apres tant de peine,
Payer mon amour?

Voyant son ennuy,
Et ce qu'il endure,
Echo en murmure,
Et dit comme luy;
Ah! Lisimene,
Veux-tu pas vn jour,
Apres tant de peine,
Payer mon amour?

AIR
DE Mr DE MOLLIER.

DAnſer deſſus l'herbette
Le ſoir & le matin,
Au ſon de la Muſette,
Auec Liſe & Catin,
Et faire pour elles
Chacun à ſon tour
Des Chanſons nouuelles
Qui parlent d'amour,
Ce ſont les doux plaiſirs qu'en ce joly Bocage
Prennent tous les Bergers de noſtre voiſinage;
Paſſez-vous mieux le tẽps, beaux Galands de la Cour?

Aſſis ſur la fougére,
Par mille petits jeux
Diuertir la Bergere
Dont on eſt amoureux,
Et luy pouuoir dire
Sans déguiſement
Ce qu'Amour inſpire
Au cœur d'vn Amant,
Ce ſont les doux plaiſirs qu'en ce joly Bocage
Prennent tous les Bergers de noſtre voiſinage;
Paſſez-vous mieux le tẽps, beaux Galands de la Cour?
Paſſez-vous mieux le temps à languir nuit & jour?

RECIT DE L'AVRORE.
Mr LAMBERT.

Depuis que i'ouure l'Orient,
Iamais si pompeuse & si fiere,
Et iamais d'vn air si riant
Ie n'ay brillé dans ma carriere,
Ny precedé tant de lumiere.
Quels yeux en la voyant n'en seroient ébloüis!
Le Soleil qui me suit, c'est le jeune Lovis.

La troupe des Astres s'enfuit
Lors que ce grand Astre s'auance;
Les foibles clartez de la nuit
Qui triomphoient en son absence,
N'osent soûtenir sa presence.
Quels yeux en le voyant n'en seroient ébloüis?
Le Soleil qui me suit, c'est le jeune Lovis.

M. DE BENSSERADE.

SARABANDE
DE Mr. DE VALEROY.

Douter que mes feux ne puissent durer,
  Beauté cruelle,
  C'est me desesperer?
Peut-on, Philis, vous adorer,
  Et ne vous estre pas fidelle?

Auoir dans le cœur des tourmens secrets,
  Sans esperance
  De vous flechir iamais,
C'est vn effet de vos attraits,
C'est vn effort de ma constance.

Mais las ! souffrir vn martyre amoureux,
  Verser des larmes,
  Et viure malheureux,
Sont les effets trop rigoureux
De vos mépris & de vos charmes.

M. DE BOVILLON.

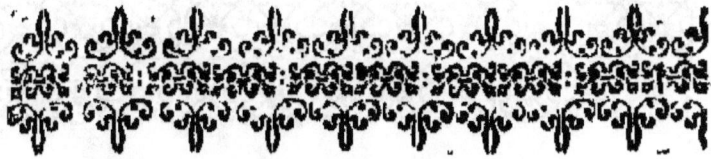

AIR
DE Mr LAMBERT.

D'Vn feu secret ie me sens consumer,
Sans pouuoir soulager le mal qui me possede;
I'en pourrois bien guerir, si ie cessois d'aimer,
Mais i'aime mieux le mal que le remede.

Quand ie mourrois, pourroit-on me blâmer?
Qui commence d'aimer, ne doit-il pas poursuiure?
Quand on sçaura, Philis, que i'ay cessé d'aimer,
On sçaura bien que i'ay cessé de viure.

M. BOVCHARDEAV.

D.

AIR
DE Mr BATISTE.

Douce & charmante Paix aux mortels incõnuë,
    Soyez la bien venuë,
Nous auons soûpiré long-temps pour vous auoir;
Enfin vostre retour nous a tirez de peine,
Vous charmez de plaisir ceux que vous venez voir,
Et vous comblez d'honneur celuy qui vous ramene.

Assez, & trop long-temps les fureurs de la Guerre
    Auoient troublé la Terre,
Nous auions trop senty leur injuste pouuoir;
Enfin vostre retour nous a tirez de peine,
Vous charmez de plaisir ceux que vous venez voir,
Et vous comblez d'honneur celuy qui vous ramene.

M. DE BENSSERADE.

AIR
DE Mr BOESSET LE PERE.
POVR LE FEV ROY.

DV plus doux de ses traits Amour blesse mõ cœur
    Pour l'aimable Siluie;
Ie l'aime sans desir, aussi iamais langueur
    Ne vient troubler ma vie;
    O bienheureuse flame
Qui conseruez l'amour & la paix dans mon ame!

Les regards de ses yeux ne décochent sur moy
    Qu'vne pointe innocente;
Ie n'en crains point la mort, & pres d'elle ie voy
    Que nul ne s'en exempte;
    O bienheureuse flame
Qui conseruez l'amour & la paix dans mon ame!

                           M. DESMARESTS.

D

AIR.

Dvre necessité d'abandonner Caliste,
Où le deuoir me force, & mon cœur y resiste,
Que tu me fais sentir de tourmens à la fois !
Et lors qu'en essayant de détruire ma flame,
Tu crois bien m'obliger en me sauuant du blâme
Dont ie me rends coupable en cedant à tes loix.

AIR
DE Mr PERDIGAL.

D'Où vient qu'en ce moment vous changez de visage?
D'où viēt que vos beaux yeux ne me font plus si doux?
Helas! en vous voyant vous fais-je quelque outrage
Qui vous puisse obliger à vous mettre en courroux?

CHANSON A-DANSER
DE Mr DE MOLLIER.

Depuis que l'adorable Aminte
Se rendit visible à mes yeux,
Amour dont mon ame est atteinte
Me l'a fait chercher en tous lieux;
Et ne pouuant y contredire,
En l'estat où ie suis reduit,
Ie cours à qui fait mon martyre,
Et cet aueugle m'y conduit.

Quelle sera donc ma fortune?
Faudra-t'il toûjours soûpirer?
Cette auanture non commune
Me fait plus craindre qu'esperer;
Car pensant trouuer des delices,
Dans le malheur qui me poursuit,
Ie trouueray des précipices,
Puis qu'vn aueugle me conduit.

Mais quoy ! cette aimable inhumaine,
Peut en plaisir changer mon mal;
Verray-je bien finir ma peine
Par quelque bonheur sans égal?
Non, la douleur qui me possede,
Et que sa beauté me produit,
Ne trouuera point de remede,
Puis qu'vn aueugle me conduit.

M. DE MOLLIER.

AIR
DE Mr LAMBERT.

Depuis que i'ay veu vos beaux yeux,
Philis, ie vous cherche en tous lieux,
Abſent de vous ma douleur eſt extréme;
Pour moy ie croy, Philis, que ie vous aime.

Vous me couſtez mille ſoûpirs,
Vous me cauſez mille deſirs,
Ie penſe à vous beaucoup plus qu'à moy-méme;
Pour moy ie croy, Philis, que ie vous aime.

AIR

DE Mr BOESSET LE PERE.

Diuine Amarillis,
Ton teint brun cõme il est fait honte à tous les Lys,
Ta grace est admirable,
Mais ta vertu pareille à ta beauté,
Dessous les Cieux n'a rien de comparable
Que ma fidelité.

Tes attraits sont pareils,
Tes yeux que justement on nomme des Soleils
Ont vn éclat semblable;
Mais ta vertu pareille à ta beauté,
Dessous les Cieux n'a rien de comparable
Que ma fidelité

Bel Astre des mortels,
Le Ciel n'est point jaloux de te voir des Autels,
N'es-tu pas adorable?
Et ta vertu qui passe ta beauté,
Voit-elle rien qui luy soit comparable
Que ma fidelité?

GAVOTTE
DE Mr COVPERIN.

Dans noſtre Village
On vit fort content;
Chacun en chantant,
Ayant acheué ſon ouurage,
Le reſte du jour
Va faire l'amour.

Ils ſont à leurs Belles
Si fort attachez,
Qu'ils ſeroient touchez
D'vne inquietude mortelle,
S'ils eſtoient vn jour
Sans faire l'amour.

Iamais la triſteſſe
Ne vient en ces lieux,
Les ris & les jeux
Y font leur demeure ſans ceſſe;
O l'heureux ſejour
Où l'on fait l'amour.

Adieu, ie vous laiſſe,
Car dans cet inſtant
Ma Bergere attend,
Qui m'accuſeroit de pareſſe,
Si i'eſtois vn jour
Sans faire l'amour.

M. BOVCHARDEAV.

AIR
DE Mr RICHARD.

Dans ce beau sejour de plaisirs
Je soûpire pour vostre absence;
Et le plus grand de mes desirs,
C'est la mort, ou vostre presence.

Rien que vostre Esprit si charmant
Vostre visage ne seconde;
Les Graces parlent seulement
Depuis que vous estes au monde.

AIR
DE Mʳˢ BOESSET ET LAMBERT.

EN vous disant adieu, ie vous jure, Siluie,
  De vous aimer toute ma vie,
Et l'Amour est témoin des sermens que ie fais;
Il passe en ce moment de vos yeux dans mon ame,
Et vous peint dans mon cœur auec vn trait de flame
Que l'absence & le temps n'effaceront iamais.
  M. LE MARQVIS DE MOMPIPEAV.

Ie garderay toûjours l'image de vos charmes,
  Pour luy donner autant de larmes
Que vos yeux mes vainqueurs ont d'aimables attraits;
Ie la verray par tout, ie luy seray fidelle,
Et mon cœur luy promet vne flame si belle,
Que l'absence & le temps ne l'éteindront iamais.
  M. DE BOVILLON.

AIR
DE Mr BOESSET.

EN quel estat m'a reduit mon enuie?
Helas! ie meurs de desir & d'amour;
Des le moment que i'ay reueu Siluie,
Et que ses yeux m'ont redonné le jour,
Deuois-je pas connoistre sa puissance?
   Puis qu'autrefois prest de mourir,
    Il a falu pour me guerir
      Recourir à l'absence.

Las! i'esperois pour vn temps me defendre
Contre les traits que décochent ses yeux;
Mais ses vainqueurs me firent bien entendre,
Que resister n'est pas toûjours le mieux;
Deuois-je pas connoistre sa puissance?
   Puis qu'autrefois prest de mourir
    Il a falu pour me guerir
      Recourir à l'absence.

AIR.

EN l'estat où ie suis ie n'ay plus rien à craindre,
Philis, il n'est plus temps de feindre,
   Ecoutez mes derniers accens;
Sur le poinct de mourir des peines que ie sens,
Si ie me plains, ne suis-je pas à plaindre?

Ne vous offensez pas, si i'ose vous contraindre,
Ma vie & mes feux vont s'éteindre,
   Pardonnez à mon desespoir;
Sur le poinct de mourir, & de ne vous plus voir,
Si ie me plains, ne suis-je pas à plaindre?

M. DE BOVILLON.

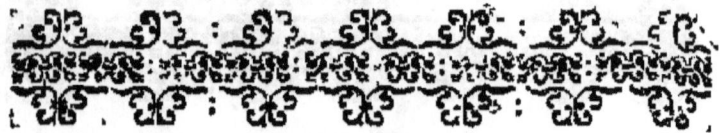

AIR
DE Mr DE MOLLIER.

EN amour foüuent il faut feindre,
Et mefme pour en bien vfer,
L'Amant le plus heureux doit quelquefois se plaindre
Pour auoir le plaifir de se faire appaifer.

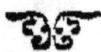

En amour il faut se contraindre,
Iamais on ne doit s'accufer;
Et quoy que l'on ait tout, il faut toûjours se plaindre
Pour auoir le plaifir de se faire appaifer.

M. DE MAREVIL.

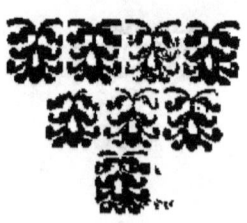

AIR.

ENfans d'vn cœur pressé, soûpirs trop libertins,
   Suiuez les loix de mes destins,
     Soyez captifs comme mon ame;
Possible que bien-tost le bruit de mon trépas
   Fera sçauoir quelle est ma flame;
    Mais vous, soûpirs, n'en parlez pas.

AIR
DE Mrs DE MOLLIER ET LE CAMVS.

EN vain i'éuite vos beaux yeux,
Mon amour me fuit en tous lieux,
    C'eſt vne erreur extréme;
Qui ne veut point aimer, il aime.

Il eſt trop aiſé d'enflamer
Vn cœur tout reſolu d'aimer,
    Le mien n'eſt pas de méme;
Ie ne veux point aimer, & l'aime.

L'Amour ſurprend également
Celle qui s'engage aiſement,
    Et celle qui raiſonne;
Qui n'y croit point donner, y donne.

                      M. DE PELISSON.

MENVET
DE Mr DE MOLLIER.

EN aimant,
Peut-on, trop aimable Climene;
En aimant,
Peut-on déguiser son tourment?
Vostre ame vaine,
Qui sent l'amoureuse peine;
Vostre ame vaine,
Croit la cacher finement.
Mais en vain vous vous forcez
A n'en rien dire,
Vostre cœur parle assez
Quand il soûpire.
Vostre cœur parle assez
De son martyre;
En aimant,
Peut-on déguiser son tourment?

AIR
DE Mr LE CAMVS.

EN vain à mes desirs ma raison s'est vnie
    Contre l'absence d'Vranie;
Tous leurs efforts n'ont pû me secourir;
Le temps peut soulager vne douleur extréme:
    Mais helas! qui pourroit guerir
    Le mal que le temps fait luy-méme?

AIR
DE Mr DE CAMBEFORT.

Enfin la voicy de retour
Cette incomparable Vranie;
Dieux du monde, mourez d'amour;
Et vous, Diuinitez qui regnez dans la Cour,
Mourez de jalousie.

Astre qui brillez en ces lieux,
D'où rapportez-vous tant de charmes?
Si vous n'estes sorty des Cieux,
Cedez icy, mortels, à l'exemple des Dieux,
Rendez icy les armes.

AIR
DE Mr LAMBERT.

En vous disant ce que ie pense,
Belle Philis, ie vous offense;
Mais aussi ie fais tort à vos diuins appas,
En ne vous disant pas
Ce que ie pense.

En vous aimant ie fais vn crime,
Ie dois m'en tenir à l'estime;
Mais mõ cœur & l'Amour sont d'acord en cepoinct,
Que ne vous aimant point,
Ie fais vn crime.

M. LE MARQVIS DV CHATELET.

AIR
B. D. B.

EN vain i'ay consulté l'Amour & le respect,
Pour sçauoir s'il faut rōpre, ou garder le silence;
L'vn m'a toûjours esté suspect,
Et ie voy bien que l'autre vous offence:
    Helas! Philis, pour me guerir,
    Apprenez-moy ce qu'il faut faire;
    Puis-je parler? dois-je me taire?
    Pour moy ie croy qu'il faut mourir.

L'vn de ces Tyrans est d'accord auec vous,
Pour me faire languir sous vn cruel empire;
    L'autre, malgré vostre couroux,
Me dit qu'il faut declarer mon martyre:
    Helas! Philis, pour me guerir,
    Apprenez-moy ce qu'il faut faire;
    Puis-je parler? dois-je me taire?
    Pour moy ie croy qu'il faut mourir.

B. D. B.

E

AIR.

Eloigné de Philis, ie résous en moy-même
  De luy conter tous mes maux à la fois,
 Mais ie ne puis declarer que ie l'aime
  Lors que ie voy ses yeux qui sont mes Roys;
Amour, témoigne luy ma passion extréme,
Et fais parler mes yeux au defaut de ma voix.

AIR.

ENfin il faut quitter vn si charmant visage;
Siluie, en y pensant ie demeure interdit;
Pour te dire vn adieu, ie manque de courage,
Et t'en auray bien moins quand ie te l'auray dit.

Le seul soulagement qui reste en ce martyre,
Si quelque chose peut m'alleger desormais,
C'est qu'apres cet adieu que ie m'en vais te dire,
Ie n'auray plus besoin de t'en dire iamais.

Accorde seulement vn soûpir à ma plainte,
Ie sens bien qu'en ton cœur tu te ris de mes maux;
Mais à celuy qui meurt d'vne amoureuse atteinte,
C'est assez d'vn soûpir, encore qu'il soit faux.

DIALOGVE
DE Mʳ BOESSET LE PERE.

CLORIS.
Est-il dõc vray, Cleandre, que tu n'as point de foy?
CLEANDRE.
Qui pouroit se defendre de viure sous ta loy?
CLORIS.
Infidelle Berger, tu sçais bien l'art de feindre.
CLEANDRE.
Ie te jure, Cloris, que ie deurois me plaindre.
CLORIS.
C'est bien moy.
CLEANDRE.
Mais pourquoy?
CLORIS.
Tu poursuis.
CLEANDRE.
Ie te suis.
CLORIS.
Cesse de me poursuiure.
CLEANDRE.
Dy-moy plutost que ie cesse de viure.

COVRANTE.

Enfin me voicy de retour,
Et i'apporte auec moy, pour vous faire ma cour,
Vn bel équipage d'amour;
I'ay des fleurettes,
Des doux propos, des vers, des chansonnettes;
Pour tout auoir,
Il ne me faut, Siluie, que de l'espoir.

Ie sçay conceuoir des desirs,
Ie sçay faire des vœux, & pousser des soûpirs;
Dans les douleurs & les plaisirs
Ie suis fidelle,
I'ay du respect, & i'ay beaucoup de zele;
Pour tout auoir,
Il ne me faut, Siluie, que de l'espoir.

AIR
DE Mr BOESSET LE PERE.

Ennuis, desespoirs, & douleurs,
Soûpirs, sanglots, plaintes, & pleurs,
   A vous ie m'abandonne;
L'adorable Amarante s'en va nous quitter,
   Et le Ciel qui l'ordonne
   Ne veut pas m'écouter.

Helas ! que ie sens de tourment
En ce fâcheux éloignement,
   Dont la longueur m'étonne;
L'adorable Amarante s'en va nous quitter,
   Et le Ciel qui l'ordonne
   Ne veut pas m'écouter.

AIR
DE Mrs LAMBERT ET DE LA GVERRE.

FVyons, mon cœur, fuyons des charmes
   Qui surprennent les libertez;
   A l'eclat de tant de beautez
   Il nous faudroit rendre les armes:
On ne peut voir Philis sans en estre amoureux;
Mais aimer sans espoir, c'est estre malheureux.

   Quoy? sans juger qu'elle est cruelle,
   Tu fais toy-méme ta prison;
   Et sans écouter la raison,
   Tu cours où ton malheur t'appelle:
Bien, mon cœur, i'y consens, & puis que tu le veux,
Aimons-la sans espoir, & soyons malheureux.

AIR
Pour Madame L. C. D. G.
B. D. B.

Fvyez les beaux yeux de Philis,
Craignez ses roses & ses lys;
Bien qu'elle soit incomparable,
Amans, ne vous y trompez pas,
Vostre perte est ineuitable,
Si vous n'éuitez ses appas.

B. D. B.

Gardez-vous bien qu'vn doux espoir
Ne porte vos cœurs à la voir,
Elle a causé mille naufrages,
Et fait autant de malheureux;
Que l'exemple vous rende sages,
Fuyez cet écueil dangereux.

M. DE BOVILLON.

RECIT DE LA GLOIRE.
POVR LE ROY.
Mr BOESSET.

GRand Roy, quel destin est le vostre?
Vous auez maintenant tout le monde à vos pieds,
Et peut-estre estes-vous vous-même aux pieds d'vn
   autre :
Si l'Amour a sur vous remporté la victoire,
   Il est beau que vous luy cediez,
La Gloire vous le dit, vous l'en pouuez bien croire.

Iugez par vostre inquietude
Comme en vain on prétend s'affranchir de ses loix,
Et ne rougissez point d'vn peu de seruitude :
Si mesme jusqu'aux Dieux il étend sa victoire,
   Il ne fait point de honte aux Roys,
La Gloire vous le dit, vous l'en pouuez bien croire.

M. DE BENSSERADE.

AIR
DE Mr LE CAMVS.

HElas ! Philis, quand ie soûpire,
Ne croyez pas que ce soit du martyre
Que ie n'ose vous découurir :
Si mon mal est pressant, mon respect est extréme,
Et mes soûpirs ne disent pas que i'aime,
Ils disent que ie vay mourir.

Par mes douleurs & mon silence,
Consideiez si mon obeïssance
Cede aux flames de mon amour :
Ie cache mes langueurs auec vn soin extréme,
Et mes soupirs ne disent pas que i'aime,
Ils disent que je pers le jour.

M. DE BOYILLON.

AIR
B. D. B.

HEureux mortels, qui passez vostre vie,
  Exempts des amoureux soucis,
Vengez l'infortuné Tirsis
  Des mépris de Syluie;
Defendez-vous de ses rares beautez,
Et qu'enfin vostre ame inflexible
Luy fasse desirer de mon cœur trop sensible
Les soûpirs que cent fois l'ingrate a rebutez.

B. D. B.

AIR
DE Mr LE CAMVS.

Helas! c'estoit bien vainement
Que mes soûpirs luy parloient de ma flame!
La Belle aimoit vn autre Amant,
Et ie voulois toucher son ame,
Helas! c'estoit bien vainement!

Son cœur estoit deja blessé,
Lors que le mien découurit son atteinte;
Vn autre m'auoit deuancé;
Quand ie voulus faire ma plainte,
Son cœur estoit déja blessé.

M. DE CORDEMOY.

AIR
DE Mr LAMBERT.

HElas ! que faut-il que i'espere?
Ie ne crains que vostre colere,
Et ne puis l'éuiter le reste de mes jours;
Puis que vous adorer, Philis, c'est vous déplaire,
Ie dois vous déplaire toûjours.

M. QVINAVLT.

160 RECVEIL DES PLVS BEAVX VERS

AIR
DE Mr LAMBERT.
Pour Mad.....

HA! que les yeux de la belle Amarante
    Sont penetrans, brillans, & doux!
Qu'elle a l'air grand, & la taille charmante!
Que l'on verra d'Amans mourir à ses genoux!
    Mais elle ne fera que rire
    De leur plainte, & de leur martyre.

RONDEAV
DE Mr DE CHAMBONNIERE.

HA! qu'il est doux, Bergere,
Ha! qu'il est doux d'aimer.
Tes yeux embrasent mon ame,
Les miens t'inspirent la flame
Dont ie me sens consumer;
Et si tu n'es point legere,
   Ha! qu'il est doux, Bergere,
   Ha! qu'il est doux d'aimer.
Ta beauté seule m'éclaire,
Seul tu me veux estimer;
I'ay trouué l'art de te plaire,
Toy celuy de me charmer.
   Ha! qu'il est doux, Bergere,
   Ha! qu'il est doux d'aimer.

AIR
DE Mr LAMBERT.

IRis, vous difiez l'autre jour
Que i'eſtois heureux en amour,
Et qu'il m'eſtoit aiſé de toucher les plus belles:
Je ne ſçay pas ce qui m'arriuera;
Mais vous m'en direz des nouuelles,
Ou perſonne ne m'en dira.

Ie ſçay que ie n'aime que vous,
Et que la rigueur de vos coups
M'a déja fait ſentir mille peines cruelles:
Mais pour l'effet que cela produira,
Si vous n'en ſçauez des nouuelles,
Ie ne ſçay pas qui les ſçaura.

AIR.

Ie ne sens pas, Philis, vne peine legere,
Pour ne me plaindre pas, & pour vous le celer;
Ce sont les plus grands maux qui ne peuuent parler,
Et les moindres douleurs qui ne se peuuent taire.

   En vain dans le transport d'vne esperance fole,
Ie voudrois m'efforcer à dire ma langueur;
Lors que vos yeux, Philis, m'arracherent le cœur,
Ie demeuray sans voix, & perdis la parole.

AIR
DE Mr DE CAMBEFORT.

INcredule Beauté, qui voulez ignorer
    Le tourment trop visible
  Que vos yeux me font endurer;
    Helas! Belle inflexible,
Si vous sentiez les maux qui me font soûpirer,
    Vous seriez plus sensible.

  Tandis que ie ressens vostre extréme rigueur,
    Et que ie tiens secretes
  Les flames qui brulent mon cœur;
    Cruelle que vous estes,
Tout le monde sçaura ce qui fait ma langueur,
    Horsmis vous qui la faites.

                      M. DE BOULILON

AIR
DE Mrs LAMBERT ET DE MOLLIER.

IVgez si ma peine est extréme,
Philis, ie vous sers constamment;
Vous me fuyez incessamment,
Et ie sçay qu'vn autre vous aime;
Iugez si ma peine est extréme.

Helas! ne suis-je pas à plaindre?
Sans cesse on me voit soûpirer;
Ie n'ay iamais lieu d'esperer,
Et i'ay toûjours sujet de craindre;
Helas! ne suis-je pas à plaindre?

M. DE P.

AIR
DE Mr L.

J'Ay veu les beaux yeux de Siluie,
Et quand leurs doux regards me cousteroient la vie,
Ie ne m'en plaindrois pas;
La gloire est sans seconde,
De voir l'Arrest de son trépas
Dedans les plus beaux yeux du monde.

Ie veux que leurs traits adorables
Soient aux autres Amans cruels & redoutables,
Ils seront doux pour moy;
La gloire est sans seconde,
D'apprendre à conseruer sa foy
Dedans les plus beaux yeux du monde.

M. DE BOVILLON.

SARABANDE
DE Mr DE CHANCY.

IE ne puis éuiter
Ces yeux qui font quitter
Aux immortels
Leur Temple & leurs Autels:
Si ma Siluie
N'a point d'amour,
Ie suis sans vie,
Et sans enuie
De reuoir le jour.

SARABANDE
Pour Mad. de Br
B. D. B.

Il n'est parlé que de vos charmes
Et dans la Ville & dans la Cour;
Les Belles en ont mille alarmes,
Les Galands en brulent d'amour.
Que ie serois heureux, Siluie,
Si l'ardeur de mon amitié
Vous faisoit autant de pitié
    Que vous faites d'enuie.

B. D. B.

Si vous estes des plus cruelles
Pour les cœurs que vous enchaisnez,
Ie suis pour vous des plus fidelles,
Et suis des plus infortunez:
Mais si ma peine enfin, Siluie,
Appaisoit pour moy vos beaux yeux,
Ie ferois autant d'enuieux
    Que vous faites d'enuie.

M. DE BOVILLON.

GAVOTTE
DE Mr BATISTE.

J'Ay cent fois, Beauté cruelle,
Voulu tenter le hazard,
De vous dire vne nouuelle
Où vos yeux ont quelque part;
Mais qui meurt sous voſtre empire
Prés de vous eſt interdit:
Si i'euſſe oſé vous le dire,
Helas! que m'auriez vous dit?

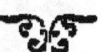

Mon amour & ma tendreſſe
Redoutent voſtre rigueur,
Et ie n'ay que ma foibleſſe
Pour vous prouuer ma langueur;
Et mourant ſous voſtre empire,
Ie ſuis toûjours interdit:
Mais ſi i'euſſe oſé le dire,
Helas! que m'auriez vous dit?

Si dans mon amour extréme,
Comme vn Amant éperdu,
I'eusse declaré que i'aime,
Que m'auriez-vous répondu?
Bien que i'aye le cœur tendre,
Ie doute de son credit,
Et ie craindrois fort d'apprendre
Tout ce que vous m'auriez dit.

AIR
DE Mr LE CAMVS.

J'Entens Amarillis qui chante dans ce Bois,
Taisez-vous, Rossignols, Zephirs, faites silence;
Agreables Ruisseaux, coulez sans violence,
Et n'interrompez point les accens de sa voix.

M. L'ABBE' MENAGE.

Nymphes, vous pouuez bien vous taire cette fois,
Vous chantez tous les jours dans ce lieu solitaire,
La belle Amarillis ne vient pas vous déplaire,
Elle veut seulement vous charmer de sa voix.

Echo, ton triste sort t'exempte de ces loix.
Qui pourroit en ces lieux te defendre la plainte?
Tu peux dire le mal dont ton ame est atteinte,
On souffre aux malheureux l'vsage de la voix.

Que dis-je aux malheureux? helas! il n'en est rien,
Ie me meurs sans oser découurir mon martyre:
Puis qu'il t'est donc permis de parler, tu peux dire
Qui causa ton trépas, & qui causa le mien.

I

GAVOTTE
DE Mr BATISTE.

Iris, ne présumez pas
De tous vos divins appas;
Quand vous seriez sans seconde,
Puissiez-vous tout enflamer,
Quoy que belle, quoy que blonde,
Le plus grand defaut du monde,
Est de ne pouuoir aimer.

Si vous aimiez comme nous,
Rien ne seroit comme vous;
Mais la Nature trop sage,
Pour voftre dernier malheur,
Lasse, & manquant de courage,
Ne pût acheuer l'ouurage,
Et ne vous fit point de cœur.

AIR
DE Mr LAMBERT.

JE ne veux pas au recit de ma peine
Imiter ces Amans de qui la plainte vaine
    Blâme voftre rigueur;
  Philis, mon refpect eft tout autre,
  Et quand ie vous donne mon cœur,
  Ie ne demande pas le voftre.

Ie n'oferois dans l'excés de ma flame
Esperer que vos yeux promettent à mon ame
    La fin de ma langueur;
  Philis, mon refpect eft tout autre,
  Et quand ie vous donne mon cœur,
  Ie ne demande pas le voftre.

GAVOTTE
B. D. B.

JE n'ay pas la tresse blonde
Pour vous plaire & vous charmer;
Mais, ô Beauté sans seconde,
M'en doit-on moins estimer?
Mon cœur est le cœur du monde
   Qui sçait le mieux aimer.

  Que ces gens à blonde tresse
Fassent les gens précieux;
Que leur coiffure parêsse
Plus éclatante à vos yeux;
Pour seruir vne Maistresse,
   Ils n'en valent pas mieux.

M. DE BOVILLON.

AIR.

Il est vray que i'aime en deux lieux,
Philis, ce discours vous offence;
Ne m'accusez point d'inconstance,
I'aime vostre bouche & vos yeux.

Ces deux endroits ont des appas
Qui font que mon cœur est tout vostre;
Mais i'en aimerois bien vn autre,
Si cela ne vous faschoit pas.

M. LE COMTE DE FIESQVE.

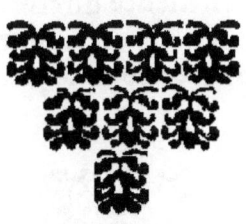

AIR
DE Mr MARTIN.

J'Entens la voix de la belle Climene
Qui dans ces lieux enchante tous mes sens;
Charmans Ruisseaux qui coulez dans la Plaine,
Arrestez-vous à ses diuins accens;
Et vous, Zephirs, retenez vostre halaine,
Ne troublez pas les plaisirs que ie sens.

Petits Oyseaux, qui dans ce lieu sauuage
Parlez d'amour, & chantez en secret;
Climene fait le mesme personnage,
Gardez pour elle vn silence discret;
Et vous, Echo, rendez luy cet hommage
De ne parler qu'apres ce doux objet.

AIR
DE Mr BOVCHARDEAV.

I'Aime, ie suis aimé,
Ie n'en suis pas moins miserable,
Puis qu'vn jaloux impitoyable
M'a rauy la beauté dont ie suis enflamé:
Ah ! que mon malheur est extréme,
De ne point voir celle que i'aime.

Ie luy contois mon mal,
Elle auoit pitié de mes peines,
Nous allions au bord des Fontaines
Parler de nostre amour qui n'eut iamais d'égal:
Ah ! que mon malheur est extréme,
De ne point voir celle que i'aime.

Mad. MARESCHAL.

I

AIR
DE Mr BOESSET LE PERE.

Il est vray, ie n'ose me plaindre
Du mal que le respect m'ordonne de celer;
Et quelque passion qui semble m'y contraindre,
I'aime mieux mourir que parler.

Tous les jours aupres de Siluie
Ie voy croistre le feu dont ie me sens brûler;
Mais quand ce doux objet me cousteroit la vie,
I'aime mieux mourir que parler.

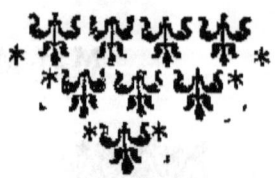

AIR
DE Mr DE MOLLIER.

IE cherche voſtre amour, ie fais tout pour vo⁹ plaire,
Et vous cherchez ma mort, c'eſt tout voſtre deſir;
Nous pouuons bien tous deux, Philis, nous ſatisfaire,
Vous n'auez qu'à m'aimer, ie mourray de plaiſir.

Ie ſuis accouſtumé de vous voir inhumaine,
Vos rigueurs ne ſçauroient m'obliger à périr;
Aimez-moy donc, Philis, pour plaire à voſtre haine,
Et ſurpris d'vn tel bien, ie mourray de plaiſir.

M. DE MOLLIER.

AIR
DE Mr LE CAMVS.

Ie ressens vn plaisir extréme
Que tout le monde enfin sçache que ie vous aime,
Et que rien n'est comparable à ma foy;
Mais ce qui fait ma peine,
Est que i'ay beau chercher si vous m'aimez, Climene,
Chacun l'ignore comme moy.

Quelque soin que mon cœur fidelle
Se donne pour sçauoir si vous estes cruelle,
Rien sur ce poinct ne le peut contenter;
Mais pour guerir ma peine,
Si vous me confessiez que vous m'aimez, Climene,
Ie n'en pourrois iamais douter.

M. DE BOVILLON.

I

AIR
DE Mr LAMBERT.

I'Auois toûjours caché ma passion extréme,
Et d'vn autre tourment me feignois agité:
Mais il faut maintenant dire que ie vous aime;
Philis, quand on se meurt, on dit la verité.

Alors que i'ay voulu vous mettre au râg des Anges,
De mesme qu'vn flateur vous m'auez rejetté:
Mais vous ne deuez plus soupçonner mes loüanges;
Philis, quand on se meurt, on dit la verité.

RECIT DE BALLET
DE M.^r DE CHANCY.

JE suis l'agreable harmonie,
Qui viens par mes accords divers
Répandre par tout l'Vnivers
    Vne joye infinie;
Ie regne quand chacun me suit,
Qui m'abandonne, me détruit.

C'est moy qui maintiens tout le monde
Par le bel ordre des Saisons,
Qui par le concert des raisons
    Calme la terre & l'onde;
Ie regne quand chacun me suit,
Qui m'abandonne, me détruit.

                              M. DESMARESTS.

AIR
DE Mr LAMBERT.

JE connois à quel poinct vostre esprit est discret;
 J'aime, ie vous dis mon secret,
 Et ie ne l'ay dit de ma vie;
J'ay toûjours eu grand soin de le cacher à tous,
 Et ie mourray plutost, Siluie,
Que de le dire à quelqu'autre qu'à vous.

M. DE MONTEREVL.

AIR
DE Mr LE CAMUS.

JE pensois que sous vostre empire,
Iris, le plus cruel martyre
Auoit ie ne sçay quoy de doux;
Helas ! ie ne n'estois point jaloux.

Ie prétendois que ma constance
Au temps de vostre indiference
Eust senty vos plus rudes coups;
Helas ! ie n'estois point jaloux.

Qui m'eust dit, ingrate Bergere,
Qu'on pût ne penser qu'à vous plaire,
Et se déplaire aupres de vous?
Helas ! ie n'estois point jaloux.

Mad. DE SCVDERY.

AIR
DE Mr DE CAMBEFORT.

IE ne puis bien vous exprimer,
Philis, quel mouuement regne dedans-moy-même,
Mais enfin ie sens bien que i'aime
Ce que ie n'oserois aimer.

Ie ne sçay si i'ose-nommer
Le mal que ie déguise auec vn soin extréme,
Mais enfin ie sens bien que i'aime
Ce que ie n'oserois aimer.

AIR
DE Mr LE CAMVS.

J'Ay voulu mille fois d'vn cœur seditieux
Quitter la belle Iris pour vn' amour nouuelle;
Mais lorsque ses rigueurs me chassent d'aupres d'elle,
    Vn regard de ses yeux
    Aussi-tost me rappelle.

Ie pourrois soûpirer pour la jeune Cloris,
Elle a ie ne sçay quoy qui flate & qui m'engage;
Mais quelque doux espoir que donne vn beau visage,
    La presence d'Iris
    En efface l'image.

M. DE BOVILLON.

AIR
DE Mr LAMBERT.

IL est vray, Philis, ie vous aime,
Mais n'en soyez point en couroux;
Si vous voyiez en moy ce que l'on voit en vous,
Vous aimeriez de mesme.

Le plaisir d'aimer est extréme,
Quand on aime vn objet si doux;
Si vous voyiez en moy ce que l'on voit en vous,
Vous aimeriez de méme.

M. BOVCHARDEAV.

AIR
B. D. B.

Ie vous quitte, belle Artenice,
Et ce n'est pas pour mieux choisir;
Mais c'est qu'vn peu d'amour est vn charmāt plaisir,
Et qu'vn peu trop d'amour est vn cruel supplice.

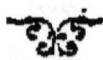

Qu'ay-je dit ? c'est vn vain caprice,
Ie ne puis changer de desir;
Mais Dieux! qu'vn peu d'amour est vn charmāt plaisir,
Et qu'vn peu trop d'amour est vn cruel supplice.

Mad. DE SCVDERY.

AIR
B. D. B.

Ie tâche en vain de faire resistance
A la douleur d'vne si longue absence,
De mille ennuis mon cœur est consumé.
Qui le croiroit, Amour, qu'on pût sous ton empire
Souffrir tant de martyre,
Quand on a le bonheur d'aimer, & d'estre aimé?

Ie pense voir en ma langueur extréme
Mille dangers attaquer ce que j'aime,
Dont mon esprit est sans cesse alarmé.
Qui le croiroit, Amour, qu'on pût sous ton empire
Souffrir tant de martyre,
Quand on a le bonheur d'aimer, & d'estre aimé?

Ie crains souuent, ô crainte criminelle,
Et trop injuste à son amour fidelle!
Qu'vn autre objet ait son cœur enflamé.
Qui le croiroit, Amour, qu'on pût sous ton empire
Souffrir tant de martyre,
Quand on a le bonheur d'aimer, & d'estre aimé?

Mad. DE SCVDERY.

AIR
DE Mr BOESSET LE PERE.

IE pers le repos & les sens
D'ennuy de ne voir plus Siluie;
Et bien-tost la fin de ma vie
Dira la douleur que ie sens.

Beaux yeux qui gouuernez mon sort,
Voyez la rigueur de vos charmes;
Pres de vous, ie verse des larmes;
Absent, vous me donnez la mort.

M. LE MARESCHAL DE S. LVC.

AIR
DE Mr LAMBERT.

J'Aime, c'est trop celer
Ma passion extréme,
C'est trop dissimuler;
Ma douleur fait bien voir que i'aime.

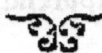

J'aime de si beaux yeux,
Qu'il n'en est pas de mesme;
Et ie croy que les Dieux
Seruiroient la Beauté que i'aime.

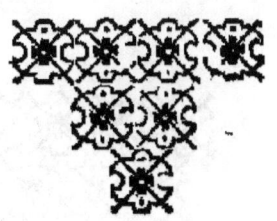

AIR
DE Mr LAMBERT.

Je ne vous quitte point pour quelqu'amour nouuelle,
Rien ne peut reparer les biens que i'ay perdus;
Vostre beauté, Philis, m'apprit d'estre fidelle,
Et vostre cruauté m'apprend à n'aimer plus.

Voyez en quel estat m'a reduit vostre haine,
Et ce que i'en reçois de maux & de plaisirs;
Vous m'ostez tout espoir pour vous, belle inhumaine,
Et pour d'autres que vous, vous m'ostez tous desirs.

M. DALIBRAY.

COVPLETS SVR L'AIR
de la Duchesse.

IL me faut donc faire des Vers,
Sapho le veut, Philoxene en demande,
 Des Vers de commande
 Sur l'air de Defairs;
Pour mon malheur on vous y met encore,
O Doralice, & vous ô Cleodore.
 Helas! combien i'endure
  Pour vous obliger?
 Cette fotte mefure
  Me fait enrager;
 Vn malheureux Poëte
Ne s'y trouue qu'vne befte,
 Mais vn Poëte Amant
 Y perd l'entendement.

Mon cœur fait encore des vœux
Pour vn objet aufli beau qu'infenfible,
 Il m'eft impoffible
 D'éteindre mes feux;

I

Ma destinée est de mourir pour elle,
I'en suis content, & sans estre infidelle.
Sous son cruel empire
Ie finis mes jours;
Mais que veux-je donc dire
Par ce sot discours?
Non, c'estoit l'autre année
Cette triste destinée,
Ce rigoureux trépas,
Et ie n'y pensois pas.

Belles, apprenez ma Chanson,
Ie ne dis pas qu'elle soit des plus belles,
Mais pour les cruelles
C'est vne leçon,
Trois mois, six mois, huit mois, toute vne année,
Vn pauure Amant aura l'ame obstinée.
Il benira ses peines,
Dira hautement,
Qu'il portera vos chaisnes
Eternellement;
Mais bien qu'il vous le jure,
Si vostre rigueur vous dure,
Ta, la, la, la, la, la,
Il vous plantera là.

M. DE PELISSON.

AIR
DE Mr LAMBERT.

J'Ay long-temps balancé
A receuoir les fers dont mon cœur est pressé;
Mais i'ay trouué tant d'appas & de charmes,
   Que ma raison quitte les armes,
Amarillis est Reyne de mon sort,
   Et ie luy jure par mes larmes
  De la seruir jusqu'à la mort.

Ie ne suis asseuré
De luy rendre aucun soin qui soit consideré;
   Ma passion pourra m'estre funeste;
   Mais cet objet est tout celeste;
Amarillis, maistresse de mon sort,
   Deuant vos yeux ie vous proteste
  De vous aimer jusqu'à la mort.

GAVOTTE.

JE me meurs, ma belle Cloris,
Ie souffre vn mal extréme,
Moderez vn peu vos mépris,
Et rentrez en vous-meme;
Vn petit regard de pitié,
Si vous ne l'auez d'amitié.

Vos yeux dont i'adore les coups,
Et pour qui ie soûpire,
Font esperer vn cœur plus doux;
Les voulez-vous dédire?
Vn petit regard de pitié,
Si vous ne l'auez d'amitié.

Ie ne me plains de mon tourment
Qu'à celle qui le cause;
Donnez-y quelqu'allegement,
Ie ne veux pas grand chose.
Vn petit regard de pitié,
Si vous ne l'auez d'amitié.

M. DE BOVILLON.

SARABANDE.

J'Ay trop d'amour pour le pouuoir celer,
    Et ie ne puis
   En l'estat où ie suis
  M'empescher de parler.
    Chere Siluie,
     Ie suis sans vie;
Si tu ne veux bien-tost me secourir,
Dois-je esperer, ou bien dois-je mourir?

Tu me defends de me plaindre en ce lieu,
    Lors que tu vois
   Que ie n'ay plus de voix
  Que pour te dire adieu.
    Chere Siluie,
     Ie suis sans vie;
Si tu ne veux bien-tost me secourir,
Dois-je esperer, ou bien dois-je mourir?

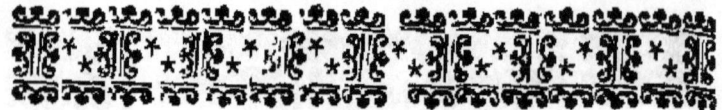

AIR
DE Mr LAMBERT.

Ie gouſtois cent mille douceurs
Parmy ces Prez, ces Bois, ces Ruiſſeaux, & ces Fleurs,
Quãd vos yeux en tourmẽs ont chãgé tãt de charmes;
Olimpe, Reyne de ces lieux,
Ie viens les yeux en larmes
Me plaindre à vous du mal que m'ont fait vos beaux
yeux.

M. SARRAZIN.

Connoiſſez l'effet de vos coups;
Ces plaiſirs qui m'eſtoient ſi charmans & ſi doux,
Ne toucher plus mes ſens, & n'ont plus rié d'aimable;
Olimpe, Reyne de ces lieux,
Souffrez vn miſerable,
Qui vient mourir du mal que luy font vos beaux yeux.

M. DE BOVILLON.

AIR
DE Mr DE MOLLIER.

IE vous dis toûjours aimez-moy,
Philis, vous sçauez bien pourquoy?
C'est que le plaisir est extréme,
  D'estre aimé quand on aime.

Lors que vous aurez de l'amour,
Vous nous direz à vostre tour;
Ha! que le plaisir est extréme,
  D'estre aimé quand on aime.

Lors qu'Amour par ses traits vainqueurs
Se rend le maistre de nos cœurs;
Ha! que le plaisir est extréme,
  D'estre aimé quand on aime..

M. DE RAMBOVILLET.

AIR.

Ie ne suis pas facile à prendre,
Et i'ay de la peine à me rendre;
Mais quand vne fois ie suis pris,
I'aime auec tant de violence,
Que rien n'a le pouuoir d'ébranler ma constance,
Si ce n'est le mépris.

Mais par l'éclat de tant de charmes,
Philis, ie vay rendre les armes,
Et vous dire que ie suis pris;
Ie meurs, ie languis, ie me pâme;
Adorable Beauté, ie sens bien que ma flame
Souffrira le mépris.

AIR
DE Mr LAMBERT.

JE n'ay iamais parlé de mon amour extréme,
Et jusqu'icy mon cœur a paru fort discret;
Aminte, cependant on dit que ie vous aime,
Ie ne sçay pas qui peut auoir dit mon secret.

Pour cacher son tourment, la feinte est inutile,
Puis qu'Amour en tous lieux fait éclater son feu,
On a beau déguiser, il est bien difficile,
Quand on aime beaucoup, qu'il n'y paroisse vn peu.

M. MALO.

AIR
DE Mr DE MOLLIER.

IE pleure, ie me plains, & ie souffre vn martyre
  A qui rien n'est égal:
Helas! si c'est Amour qui fait que ie soûpire,
  Qu'Amour est vn grand mal!

Les plaintes, les soûpirs, m'accōpagnent sans cesse,
  Tout plaisir m'est fatal:
Helas! si c'est Amour dont la rigueur me presse,
  Qu'Amour est vn grand mal!

I.

AIR
DE Mr LAMBERT.

JE ne connois que trop que i'aime,
Et n'ose découurir ce qui me fait brûler.
Dieux! mon mal n'est-il pas extréme,
Puis qu'il m'empesche de parler?

Ah! ie sens que mon feu s'exprime
Par ce dernier soûpir que ie fais en mourant;
Mais, beaux yeux, ce n'est pas vn crime,
Chacun soûpire en expirant.

AIR
DE Mr LAMBERT.

Il faut aimer,
C'est vn destin inéuitable;
Il n'est point de cœur indomptable
Que l'Amour ne puisse charmer;
Mais sur tout quand on est aimable,
Il faut aimer.

Que de plaisirs
Amour fait voir parmy ses chaisnes;
Ses rigueurs les plus inhumaines
Font pousser de charmans soûpirs,
Et ses maux causent moins de peines
Que de plaisirs.

M. QVINAVLT.

I

AIR
DE Mr LAMBERT.

J'Ay veu de vos beaux yeux la clarté sans seconde,
  Mon cœur a ressenty leurs coups.
   Qu'ils sont perçans, & qu'ils sont doux!
   Ils s'en vont desoler le monde;
   S'ils ne sont prompts à secourir,
   Helas! qu'ils en feront mourir!

M. LE ROYER.

AIR
DE Mr LAMBERT.

JE me plains des rigueurs de l'ingrate Amarille
Aux Arbres, aux Rochers de ce charmant sejour:
Mais helas! ie ne fais qu'vne plainte inutile,
Ils n'ont iamais senty les peines de l'Amour:
    Que ie serois heureux,
Si le Ciel m'auoit fait insensible comme eux!

    I'entretiens ces Forests, ces Valons, ces Fontaines,
Et ces charmans Ruisseaux, des peines que ie sens:
Mais las! rien n'est touché du recit de mes peines,
Que l'Echo qui répond à mes tristes accens.
    Que ie serois heureux,
Si le Ciel m'auoit fait insensible comme eux!

    Ces Bergers sans amour, & sans inquietude,
S'endorment au doux bruit que font ces belles eaux:
Helas! ils n'aiment rien que cette solitude,
Et le plaisir d'y voir leurs innocens troupeaux.
    Que ie serois heureux,
Si le Ciel m'auoit fait insensible comme eux!

    M. LE MARQVIS DE MOMPIPEAV.

I

AIR
DE Mr DE CAMBEFORT.

I'Ay souuent consulté d'abandonner Cloris
  Pour contenter Siluie;
 Mais connoissant qu'il y va de ma vie,
 Ie ne sçaurois luy complaire à ce prix.

Mon dessein me contraint, il faut toûjours aimer
  Celle qui me possede:
 Si c'est vn mal, il n'a point de remede;
 Si c'est vn bien, ie le dois estimer.

AIR.

J'Ay tenu vainement ma passion secrette;
Olimpe, ie me meurs, & vous le connoissez;
Helas! si le respect rend ma bouche muette,
J'ay des yeux qui parlent assez.

AIR
DE Mr LAMBERT.

J'Auois rompu mes fers, & juré hautement
Que l'ingrate Cloris ne feroit plus ma peine;
Mais en la reuoyant, i'ay renoüé ma chaîne,
Et rompu mon serment.

Aussi ce fut vn jeu que mon ressentiment;
Cloris a sur mes sens conserué la victoire,
Et ie n'auois juré que pour auoir la gloire
De rompre mon serment.

AIR
DE Mr LE CAMVS.

J'Aime, ie ne puis plus le taire,
De ce timide aueu n'ayez aucun dépit :
Helas ! il pourra vous déplaire ;
Mais quand on ne sçait plus que faire,
On ne sçait plus ce que l'on dit.

J'ay fait ce qu'on fait d'ordinaire
Dedans l'emportement d'vn si libre discours :
Mais n'en soyez point en colere ;
Helas ! quand on n'a qu'vne affaire,
Philis, on en parle toûjours.

M. DV BVISSON.

I

AIR.

IE suis en doute si Melite
Me veut perdre, ou me secourir,
Puis que ses yeux me font mourir,
Et que sa voix me ressuscite:
Comme il plaist à l'Amour elle change mon sort,
Et ie meurs mille fois pour suruiure à ma mort.

Non, ie l'écoute qui menace
Mon cœur aux flames destiné;
Mais quand sa voix m'a condamné,
Ses yeux sont doux, & me font grace:
Comme il plaist à l'Amour elle change mon sort,
Et ie meurs mille fois pour suruiure à ma mort.

AIR
B. D. B.

JE vous ay veus, beaux yeux, mais ie vous vis si peu,
    Que loin d'en éteindre mon feu,
Ie sens que son ardeur s'en augmente & me tuë.
O Reyne de mon sort, arbitre de mes jours,
    Pourquoy vous ay-je si peu veuë?
    Ou que ne vous vois-je toûjours?

B. D. B.

AIR
DE Mr LE CAMVS.

J'Aime Philis plus que ma vie,
Philis me hait plus que la mort;
Amour, contente mon enuie,
Fais luy connoistre qu'elle a tort;
   Et pour me satisfaire,
Change en vn autre feu celuy de sa colere.

Fais connoistre à cette cruelle,
Que dans mon ame i'ay fait vœu
De ne joüer plus auec elle,
Puis qu'elle ne prend rien en jeu;
   Et pour me satisfaire,
Change en vn autre feu celuy de sa colere.

AIR.

JE meurs d'amour pour la belle Climene,
Ses doux regards me blessent sans guerir;
Mais sans penser à l'excés de ma peine,
J'aime, ie veux souffrir, & puis mourir.

Ma passion nuit & jour me propose
De luy parler, & de me découurir;
Mais le respect me tient la bouche close,
J'aime, ie veux souffrir, & puis mourir.

GAVOTTE
DE Mr LE CAMVS.

J'Adore sans espoir
Vne charmante Brune,
Au plaisir de la voir
Ie borne ma fortune;
Car d'en estre amoureux,
C'est estre malheureux.

Tout me semble ennuyeux,
Absent de cette Belle;
Ie la cherche en tous lieux,
Et ne prétens rien d'elle;
Car d'en estre amoureux,
C'est estre malheureux.

B. D. B.

Ses yeux flatent les cœurs,
Leurs charmes nous engagent,
Mais ces charmes flateurs
Iamais ne nous soulagent;
De brûler donc pour eux,
C'est estre malheureux.

M. DE BOVILLON.

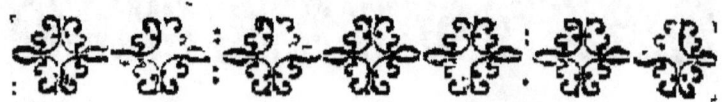

DIALOGVE
DE Mr LAMBERT.

TIRSIS.
IL est temps d'exprimer nos amoureuses flames.
PHILIS.
Si l'amour a des traits,
S'il tourmente les ames,
Mon cœur ne le connut iamais.
TIRSIS.
Ton cœur peut-il contredire ta bouche,
Quand tu te plains du beau feu qui te touche?
PHILIS.
Ie méprise l'Amour, ie me ris de ses traits.
TIRSIS.
Cruelle.
TIRSIS & PHILIS.
Assemblons donc nos soûpirs & nos plaintes,
Meslons nos voix, passons ainsi nos jours,
Et faisons viure nos amours,
Veritables, ou feintes.

M. DE BOVILLON.

AIR
DE Mr MOVLINIE'.

IE veux pour contenter Climene,
Borner si bien tous mes desirs,
Que pour récompenser ma peine,
Ie ne prétens aucuns plaisirs;
Car en l'aimant, mon auanture est telle,
Que sans rien esperer, ie dois mourir pour elle.

En vain la raison me conseille,
Et me promet la liberté,
Si ie quitte cette merueille
Dont ie respecte la beauté;
Car en l'aimant, mon auanture est telle,
Que sans rien esperer, ie dois mourir pour elle.

AIR.

Iris, dont la grace m'enchante,
Iris, dont j'adore les yeux,
Par vn priuilege des Cieux,
N'a rien d'égal quand elle chante;
Et pour n'en point douter,
Si l'on en croit l'Amour, on n'a qu'à l'écouter.

O Dieux ! que peut-on entreprendre
Contre des charmes si puissans?
Elle a si bien gagné nos sens,
Que l'esprit ne s'en peut defendre;
Et pour n'en point douter,
Si l'on en croit l'Amour, on n'a qu'à l'écouter.

GAVOTTE.

J'Aime vn Brun depuis vn jour
Plus beau que l'Amour méme,
Et qui meurt pour moy d'amour;
Ne vous étonnez pas si j'aime.

Il est sage, il est discret,
Sa douceur est extréme,
Il sçait garder le secret;
Ne vous étonnez pas si j'aime.

AIR
DE Mr RICHARD.

J'Ay veu cet Astre de la Cour
Dont j'ay tant éuité la flame.
O Dieux! quelle atteinte à mon ame,
Ie n'en puis plus, helas! ie meurs d'amour.
O Dieux! qu'Aminte est belle,
Il faut brûler, il faut mourir pour elle.

AIR
DE Mr LE CAMVS.

IE meurs à tout moment
Dans ce baniſſement
Dont la rigueur me tuë;
Beaux yeux, ſources d'amour,
En perdant voſtre veuë,
Ie pers auſſi le jour.

Mon ame eſt en langueur,
Et ie ſens que mon cœur
Cede au coup qui le tuë;
Beaux yeux, ſources d'amour,
Souffrez que voſtre veuë
Me redonne le jour.

Mad. SAVVE'.

AIR
DE Mr LE CAMVS.

JE veux cacher à tous, auec vn soin extréme,
　Que vous m'auez charmé;
Mais qu'il est mal-aisé de cacher que l'on aime,
　Quand on n'est pas aimé.

Si vous m'aimiez vn peu, belle Iris, il me semble
　Que l'on n'en sçauroit rien;
Bien plus facilement nous cacherions ensemble
　Vostre amour & le mien.

AIR
DE Mr BOESSET LE PERE.

Iamais n'auray-je le pouuoir
De m'affranchir de cette tyrannie
Où m'assujettit mon deuoir,
Dont la rigueur est infinie:
Beaux yeux qui m'animez par des attraits si doux,
Comment puis-je viure sans vous?

L'ennuy que i'ay ne peut cesser,
Tout me déplaist éloigné de ses charmes;
Si i'ouure l'œil, c'est pour laisser
Le passage libre à mes larmes:
Beaux yeux qui m'animez par des attraits si doux,
Comment puis-je viure sans vous?

Le deüil, le regret, & l'amour
Dont ie ressens les cruelles atteintes,
Forcent ma langue nuit & jour
A dire & redire ses plaintes:
Beaux yeux qui m'animez par des attraits si doux,
Comment puis-je viure sans vous?

AIR
DE Mr LAMBERT.

IE m'estois resolu de souffrir sans le dire,
J'auois baissé les yeux, & n'osois soupirer;
Mais puis que le trépas va finir mon martire,
Ie ne dois plus rien craindre, & plus rien esperer.

Ie vous aime, Philis, & rien n'est comparable
A l'excessiue ardeur dont ie suis consumé;
Car vous aimant autant que vous estes aimable,
Ie vous aime bien plus qu'on n'a iamais aimé.

I

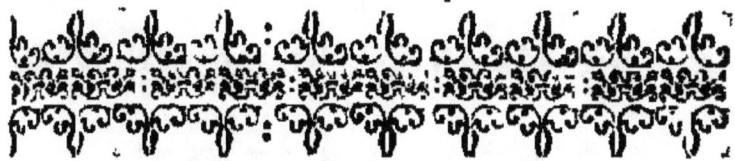

AIR
DE Mr LAMBERT.

JE ne puis desormais éuiter le trépas,
Vous irritez mon mal, en disant, ie vous aime;
Ie connois vostre esprit, & mon malheur extréme;
Si vous m'aimiez, Philis, vous ne le diriez pas.

Mad. MARESCHAL.

SARABANDE.

J'Auois juré de n'aimer de ma vie;
Mais vous voyant, i'en ay repris l'enuie.

O mort ! ô mort ! tant de fois appellée,
Que ne viens-tu ? Philis s'en est allée.

Mes yeux ont veu l'adorable Climene,
Helas ! mon cœur, que vous aurez de peine?

On dit qu'amour est vn mal agreable,
Et cependant il me rend miserable.

Ie ne dors point, ie resve, & ie soûpire;
Amour, dis-moy ce que cela veut dire?

Ie suis chagrin, ie deuiens solitaire,
Dedans les Bois ie commence à me plaire.

Quand le dépit vient d'vne amour extréme,
On dit qu'on hait, & l'on sent que l'on aime.

AIR
DE Mr LE CAMVS.

Iris, que ie croyois fidelle
Autant que ie l'estois pour elle,
Ecoutoit mes soûpirs, i'en estois estimé:
Mais helas! son cœur se partage,
Ie n'en puis dire dauantage,
Iugez de ma douleur, si vous auez aimé.

M. DE VERDERONNE.

AIR
DE Mr LAMBERT.

JE ne puis plus souffrir qu'Iris soit infidelle;
Et puis que mes respects ne peuuent rien sur elle,
Bannissons de mon cœur ce qu'il aime le mieux:
Mais que puis-je opposer à l'effort de ses armes?
    Elle a toûjours les mesmes charmes,
    Et i'ay toûjours les mesmes yeux.

  Ah! c'est bien vainemēt qu'en ma douleur extréme
I'ay tâché d'oublier cette ingrate que i'aime,
Et de briser les fers qui causent mon tourment:
Qu'elle soit inconstante, inhumaine, infidelle,
    Elle est toûjours charmante & belle,
    Et moy ie suis toûjours Amant.

                    M. BOILEAV.

AIR
DE Mr DE LA BARRE.

JE cherche les Forests, ie n'aime plus la Cour,
Ie fuis également & le monde & le jour,
J'ay l'esprit abbatu, ma douleur est extréme:
  D'où viennent mes ennuis?
  Aminte, quand on aime,
  On est comme ie suis.

Ie n'ay pas en vn jour vn moment qui soit doux,
Et ie n'ay de repos que quand ie pense à vous;
Quand j'aimois Amaranthe, helas! j'estois de méme:
  D'où viennent mes ennuis?
  Aminte, quand on aime,
  On est comme ie suis.

I

AIR
B. D. B.

Ie voy des Amans chaque jour,
Sans crainte des rigueurs, découurir leur martire.
Mais de tout ce qu'on dit dans l'Empire d'Amour,
L'adieu, belle Philis, couſte le plus à dire.

Chacun peut donner vn beau tour
Au diſcours qui fait voir que ſon ame ſoûpire:
Mais pour bien dire adieu dans l'Empire d'Amour,
C'eſt, aimable Philis, la mort qui le doit dire.

M. SARRAZIN.

AIR
DE Mr LAMBERT.

JE vay mourir, Philis, vostre injuste couroux.
En finissant mes jours, finira mon supplice:
Ie n'ay rien éprouué que des rigueurs en vous,
Il faut voir si la mort me sera plus propice.

Triomphez maintenant, orgueilleuse Beauté,
Vos mépris ont vaincu de mesme que vos charmes:
J'abandonne mon cœur à vostre cruauté,
Voyez couler mõ sang, c'est trop peu de mes larmes.

GAVOTTE
B. D. B.

J'auois juré l'autre jour
Que sur moy ce fol amour
N'auroit iamais de prise,
Mais qu'il est malaisé de garder sa franchise!

Ce qui m'auoit rebuté,
C'estoit l'infidelité
De l'ingrate Belise;
Mais qu'il est malaisé de garder sa franchise!

Mais las! depuis vn moment
Vn objet rare & charmant
Tient mon ame soûmise,
Ah! qu'il est malaisé de garder sa franchise!

O ma raison, sans mentir,
Tu pouuois me garantir
D'vne telle surprise;
Mais qu'il est malaisé de garder sa franchise!

Tu deuois dire à mes yeux,
Fermez-vous, audacieux,
Il y va de la vie;
Il n'appartient qu'aux Dieux de regarder Siluie.

Plus esclaue que iamais,
Ie veux prendre desormais
Ces mots pour ma Deuise;
Ah! qu'il est malaisé de garder sa franchise!

B. D. B.

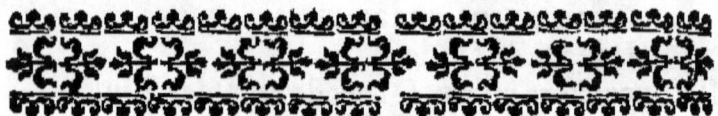

AIR
DE Mr DE MAVLEVRIER.

IE n'ay point consulté, vous donnant ma franchise,
Ie n'ay point separé la peine & le plaisir;
Car l'insensible effet d'vne juste surprise
    Ne laisse pas tant de loisir.

Vos yeux m'ont éclairé, mais ils n'ont pas fait naistre
La violente ardeur qui me fait tant souffrir;
Elle estoit dans mon cœur auant que de paraistre,
    Et n'a fait que se découurir.

M. DE MAVLEVRIER

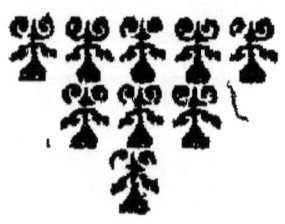

AIR
DE Mr DE SABLIERE.

J'Aime bien quand ie suis aimé;
Mais ie ne puis estre enflamé
Des Belles qui sont inhumaines;
Ie ne subis iamais de Loy,
Et ne souffre iamais de peines,
Qu'autant qu'on en souffre pour moy.

Aussi toute sorte d'objets
Ne peuuent estre des sujets
Pour forcer mon cœur à se rendre;
Et si l'on veut me posseder,
Il faut des charmes pour me prendre,
Et des faueurs pour me garder.

AIR
DE Mrs LAMBERT ET LE CAMVS.

J'Ay juré mille fois de ne iamais aimer,
Et ie ne croyois pas que rien me pût charmer:
Mais alors que ie fis ce dessein temeraire,
Tirsis, vous n'auiez pas entrepris de me plaire,
Ma raison contre vous ne fait plus son deuoir,
Et de l'Amour enfin ie connois le pouuoir.

Helas! de mon erreur trop tard ie m'apperçois,
Ie pensois que ce Dieu ne rangeât sous ses loix
Que ceux qui de ses traits sçauent mal se defendre,
Mais ie sens que mon cœur malgré moy se va rendre,
Ma raison contre vous ne fait plus son deuoir,
Et de l'Amour enfin ie connois le pouuoir.

M. LA C. DE LA SVZE.

RECIT
DE Mr LAMBERT.

Il n'est donc que trop vray que l'ingrat m'a laissée,
　Et tournant ailleurs sa pensée,
　　Il m'oublie aujourd'huy,
Moy dont il fit toûjours & la joye & l'ennuy;
Iamais autre que luy ne me trouua sensible,
A tout autre qu'à luy ie parus inuincible,
　　Il fut seul mon vainqueur.
O rage! ô desespoir! falloit-il que mon cœur
Preferât folement à mille Amans fidelles
L'impitoyable autheur de mes peines cruelles?
Mais il se vit forcé de ceder au plus fort,
Et l'on ne change pas les volontez du sort;
Tirsis, en qui reluit tout ce qui rend aimable,
Ah! que de te haïr ie me sens peu capable!
Et que ie doute encor en ce funeste jour
　　Si ma colere égale mon amour!
Que ne te repens-tu? ta grace est toute preste,
Grace pour vn perfide; ah! plustost sur sa teste
Le Ciel lance aujourd'huy tous ses traits à la fois;
Mais de quel nouueau trouble est ma fureur suiuie?
　　Ie succombe, ie perds la voix,
Heureuse si ie pers en mesme temps la vie.

AIR.

J'Ay brisé pour suiure Siluie
Les chaisnes qui tenoient ma vie;
Esclaue des grandeurs qu'on adore à la Cour,
J'ay tout abandonné pour elle,
Et dans ma passion fidelle
Ie ne veux esperer que de mourir d'amour.

Ie sçay bien qu'en ce doux martire
C'est gloire que de pouuoir dire,
Siluie, en vous perdant, ie veux perdre le jour,
Et que la cause en est si belle,
Que dans ma passion fidelle
Ie ne puis esperer que de mourir d'amour.

AIR
DE Mr LAMBERT,

JE n'en parleray plus, bien que mon mal empire,
    A quoy me fert de vous le dire,
    Au trifte eftat où ie me voy?
Beaux yeux qui fçauez bien où la douleur me preffe,
    Me plaindray-je fans ceffe?
Et n'aurez-vous iamais vn bon moment pour moy?

    Tout le monde a pitié du tourment que i'endure,
    Et vous pour qui ie veux qu'il dure,
    Méprifez mes feux & ma foy:
Beaux yeux qui triomphez de mon ame afferuie,
    Ie plaindrois peu ma vie,
Si vous auiez iamais vn bon moment pour moy.

I

AIR.

IE ne crains plus vos injuſtes rigueurs,
Ne craignez plus, Philis, mes juſtes plaintes,
Ne faites plus feruir vos attraits à vos feintes,
Vous le feriez en vain, puis qu'helas! ie me meurs.

AIR
DE Mʳˢ LE CAMVS ET LAMBERT.

J'Ay si bien publié vos attraits mes vainqueurs,
   J'ay si bien caché vos rigueurs,
     Qu'enfin tout le monde vous aime:
Ah! que ie crains, Philis, qu'en vous gagnant des cœurs,
   Ie ne me sois perdu moy-méme.

Pour vous suiure en tous lieux, on voit qu'à tous
   Mille cœurs se vont consumans   [momens
     D'vn feu dont l'ardeur est extréme:
Ah! que ie crains, Philis, que parmy tant d'Amans
   Ie ne me sois perdu moy-méme.

                   M. DE BOVILLON.

AIR.

Ie suis blessé de mille dards,
Beaux yeux, ie vay perdre la vie,
Détournez vn peu vos regards;
Mais non, regardez moy, Siluie.
O Dieux ! quel moyen de guerir?
    Et que dois-je suiure?
S'il m'est impossible de viure
Sans voir ce qui me fait mourir.

Belle bouche pleine d'appas,
Petite, vermeille, & mignarde,
Ie meurs quand ie ne vous voy pas,
Et ie meurs quand ie vous regarde.
O Dieux ! quel moyen de guerir?
    Et que dois-je suiure?
S'il m'est impossible de viure
Sans voir ce qui me fait mourir.

AIR
DE Mr MOVLINIE'.

IE cache si bien ma douleur,
Et les sentimens de mon cœur,
Que Philis n'y peut rien connaistre;
Et tout prest de perdre le jour,
Le respect demeure le maistre
De ma flame & de mon amour.

J'adore ses yeux sans espoir,
Et n'ose mesme faire voir
Les maux qu'en mon cœur ils font naistre,
Et tout prest de perdre le jour,
Le respect demeure le maistre
De ma flame & de mon amour.

AIR
DE Mr LE CAMVS.

Les yeux de Philis sont si doux,
Qu'il n'est rien que l'on n'en espere;
Mais son humeur est si seuere,
Qu'il faut expirer sous leurs coups.
Ces beaux yeux sont les douces causes
De mon amoureuse langueur;
Mais qu'ils disent de belles choses,
Sans estre aduoüez de son cœur!

Ces doux imposteurs à l'abord
Par des regards tous pleins de flame,
Vont flater jusqu'au fonds de l'ame
Vn pauure espoir à demy mort.
Ces beaux yeux sont les douces causes
De mon amoureuse langueur;
Mais qu'ils disent de belles choses,
Sans estre aduoüez de son cœur!

M. DE BENSSERADE.

GAVOTTE
DE Mr DE BOVILLON.

L'Autre jour ma Cloris
Qui cause mon martire,
Auec vn doux soûris
S'en vint ainsi me dire;
Mon Berger, mes amours,
M'aimerez-vous toûjours?

Quel excés de plaisir
Pour vn cœur qui soûpire,
Quand auec vn soûpir
On consent à luy dire;
Mon Berger, mes amours,
M'aimerez-vous toûjours?

M. DE BOVILLON.

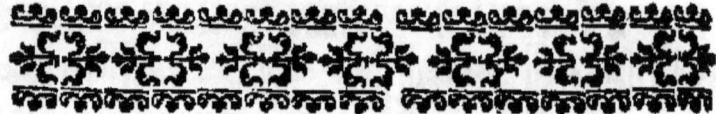

SARABANDE
DE Mr MOVLINIE'.

LEs beautez de Philis, Amarante, & Cloris,
Brûlent mon cœur d'vne flame nouuelle;
Ie ne sçay pas de qui ie suis le plus épris,
    Mais ie me donne à celle
    Qui sera moins cruelle.

Philis a le teint beau, Cloris a les yeux doux,
L'autre a l'humeur aussi douce que belle;
Ie ne sçay pas de qui ie ressens plus les coups,
    Mais ie me donne à celle
    Qui sera moins cruelle.

M. DE BOVILLON.

AIR
B. D. B.

LOrs que mon cœur pour exprimer sa peine,
A poussé deuant vous des soûpirs amoureux,
Vous m'auez regardé, trop aimable Climene,
Dois-je m'en croire plus heureux?

Ie n'entens pas ce que m'ont voulu dire
Vos regards que ie crains sur ce dangereux poinct;
Mais si ces rigoureux m'annoncent le martire,
Il vaut mieux qu'ils ne parlent point.

M. DE BOVILLON.

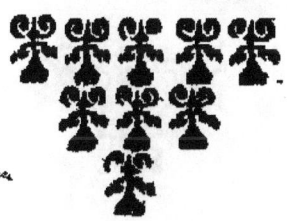

L

SARABANDE
DE Mr MOVLINIE'.

Les beautez de Philis, Amarante, & Cloris,
Brûlent mon cœur d'vne flame nouuelle;
Ie ne sçay pas de qui ie suis le plus épris,
 Mais ie me donne à celle
  Qui sera moins cruelle.

Philis a le teint beau, Cloris a les yeux doux,
L'autre a l'humeur aussi douce que belle;
Ie ne sçay pas de qui ie ressens plus les coups,
 Mais ie me donne à celle
  Qui sera moins cruelle.

M. DE BOVILLON.

AIR
B. D. B.

LOrs que mon cœur pour exprimer sa peine,
A poussé deuant vous des soûpirs amoureux,
Vous m'auez regardé, trop aimable Climene,
Dois-je m'en croire plus heureux?

Ie n'entens pas ce que m'ont voulu dire
Vos regards que ie crains sur ce dangereux poinct;
Mais si ces rigoureux m'annoncent le martire,
Il vaut mieux qu'ils ne parlent point.

M. DE BOVILLON.

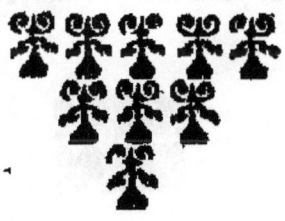

L

GAVOTTE
B. D. B.

LOrs que pour me contenter,
Iris se met à chanter;
O Dieux ! que cette Belle
Exprime bien pour moy ce que ie sens pour elle.

Quand elle dit qu'en aimant
On languit incessamment;
Helas ! que la cruelle
Exprime bien pour moy ce que ie sens pour elle.

Ces soûpirs & ces langueurs
Dont elle flate les cœurs,
Pour elle sont des feintes;
Mais las ! ce sont pour moy de mortelles atteintes.

B. D. B

GAVOTTE.

L'Amitié que i'ay pour vous
A fait beaucoup de jaloux;
Mais ie vous jure ma foy,
Que l'ordre de la Nature
Changera plutost que moy.

Vous auez, belle Philis,
Plus de blancheur que les Lys,
Et le Printemps n'eut iamais
Tant d'œillets, ny tant de roses,
Que vos beautez ont d'attraits.

Il n'est rien dessous les Cieux
De si brillant que vos yeux;
Et l'Astre qui luit à tous,
N'a pas assez de lumiere
Pour paroistre deuant vous.

Ie sçay bien que vos rigueurs
Ont fait languir mille cœurs;
Mais de craindre le trépas,
Qu'vn autre en fasse à sa mode,
Pour moy ie ne le crains pas.

Mon respect & mon amour
Se querellent nuit & jour,
Et vont s'égorger tous deux,
Si vostre pitié, Siluie,
Ne veut se mettre entre-deux.

L'amitié que i'ay pour vous
A mille charmes si doux,
Que i'y resve tout le jour,
Et quelquefois ie vous jure
Ie l'appellerois Amour.

N'allons point tant deuiner
Quel nom il luy faut donner;
I'en ay trop de la moitié,
Partageons-la, ie vous prie,
Soit amour, soit amitié.

Il n'est rien de si charmant
Que de s'aimer tendrement;
Aimons-nous donc desormais,
Et si quelqu'vn en murmure,
Puisse-t'il n'aimer iamais.

AIR
DE Mr LAMBERT.

Lassé des rigueurs de Climene,
Mon cœur auoit juré que l'amoureuse peine
    Ne feroit iamais son tourment:
Mais depuis que i'ay veu les beaux yeux de Siluie,
    Il a fait vn autre serment
    De n'en plus faire de sa vie.

    Deuant cet objet adorable
On romproit le serment le plus inuiolable,
    Sans luy resister vn moment;
Mais tout ce que ie crains de sa rigueur extréme,
    Est, qu'elle ait fait quelque serment
    Qu'elle ne rompe pas de méme.

                   M. DE BOVILLON.

AIR
DE Mr DASSOVCY.

L'Infidelle Amarante
D'vne oreille contente
Ecoutoit son Berger,
Qui disoit en sa flame,
Au lieu de se vanger,
Ah! mon cœur, ah! mon ame,
Où me dois-je ranger?

Ie me meurs quand ie pense
A suiure l'inconstance
De vostre esprit leger;
Pensez-vous que ma flame
Puisse iamais changer?
Ah! mon cœur, ah! mon ame,
Où me dois-je ranger?

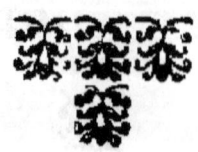

AIR
DE Mr LAMBERT.

LAnguissant du beau feu qui brille dans vos yeux,
J'ay poussé des soûpirs, j'ay répandu des larmes,
 Et d'vn dépit audacieux
J'ay fait plainte à l'Amour du pouuoir de vos charmes
Le silence en mon mal vous feroit trop suspect;
Si j'auois moins d'amour, j'aurois plus de respect.

 Du moment, belle Iris, que percé de vos coups
Ie conserue en mon cœur vn sentiment fidelle,
 Ie n'ay pû cacher deuant vous
Les transports amoureux de ma flame cruelle;
Le silence en mon mal vous feroit trop suspect;
Si j'auois moins d'amour, j'aurois plus de respect.

M. LE MARQVIS DV CHATELET.

SARABANDE.

Loin des mépris de l'ingrate Climene,
Loin de souffrir cette fâcheuse peine
 Que i'auois en l'aimant,
 Que dans ce beau lieu solitaire
  I'ay de rauissement,
 Quand ie voy ma Bergere!

Loin des attraits dont Climene est pourueuë,
De ma Philis la beauté toute nuë
  Contente mes desirs;
 Que dans ce beau lieu solitaire
  Ie reçoy de plaisirs,
 Quand ie voy ma Bergere!

Loin du respect qui me tenoit en crainte,
Ie gouste icy sans aucune contrainte
  Mille heureux passe-temps;
 Que dans ce beau lieu solitaire
  Mes desirs sont contens,
 Quand ie voy ma Bergere!

L.

VILANELLE.

L'Autre jour ce fol Amour
Dans nos Prez se promenant,
Il s'est empestré vne aisle
Dans vn Buisson se joüant:
Et allons gay tant gay,
Et allons gay tant gayement.

Il s'est empestré vne aisle
Dans vn Buisson se joüant;
Ce petit Enfant soûpire,
Et secours va demandant:
Et allons gay tant gay,
Et allons gay tant gayement.

Ce petit Enfant soûpire,
Et secours va demandant;
Qui me tirera d'icy,
Du mal d'amour est exempt:
Et allons gay tant gay,
Et allons gay tant gayement.

Qui me tirera d'icy,
Du mal d'amour est exempt;
Ie fus si sot de le croire,
M'en approche innocemment:
Et allons gay tant gay,
Et allons gay tant gayement.

Ie fus si sot de le croire,
M'en approche innocemment;
Mais ie brûle & ie soûpire
Beaucoup plus qu'auparauant:
Et allons gay tant gay,
Et allons gay tant gayement.

Mais ie brûle & ie soûpire
Beaucoup plus qu'auparauant;
O vous qui craignez l'Amour,
N'en approchez nullement:
Et allons gay tant gay,
Et allons gay tant gayement.

GAVOTTE,

L A Terre est couuerte
De tres-belles fleurs,
Et sa robe verte
En a de toutes couleurs;
Mais pour moy j'aime les Lys
Qui sont au sein de Philis.

Celles-là fletrissent
Aux chaleurs du jour,
Celles-cy fleurissent
Aux chaleurs de mon amour;
C'est pourquoy i'aime les Lys
Qui sont au sein de Philis.

L.

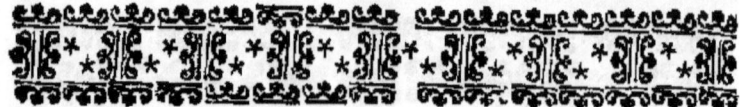

VILANELLE.

LE Berger Tirsis pres de cette Riuiere,
Disoit à Philis, le cœur tout enflamé,
Ha. qu'il est doux d'aimer, belle Bergere,
Ha! qu'il est doux d'aimer, & d'estre aimé.

Berger, si ton cœur, luy disoit cette Belle,
D'amour est épris, le mien est enflamé;
Ha: qu'il est doux d'aimer, Berger fidelle,
Ha! qu'il est doux d'aimer, & d'estre aimé.

Ie chantay comme eux, mais dedans mon martire,
Ie dis, en pensant aux yeux qui m'ont charmé,
Ah! que sert-il d'aimer sans l'oser dire?
Ah! que sert-il d'aimer sans estre aimé?

Bien que vos beaux yeux, Philis, soient adorables,
Ils sont dangereux, ils donnent le trépas,
On meurt d'amour quand ils sont fauorables,
De déplaisir quand ils ne le sont pas.

Ie sçay que mourir pour eux est vne gloire
Qui contenteroit les plus ambitieux;
Ie ne veux point auoir part en l'Histoire,
Des beaux exploits que feront vos beaux yeux.

MATELOTTE
DE Mr DE MOLLIER.

L'Autre jour pres de ce riuage,
Alcidon ce Berger si beau,
  Au bruit de l'eau,
Chantoit dessus son chalumeau,
Faut-il, Bergere volage,
  Qu'vn Amant
 Qui connoist ton changement,
  T'aime si constamment?

 I'ay trouué sous ce vert ombrage
Pres de toy le jeune Tirsis
  Cent fois assis,
Contant ses amoureux soucis;
Faut-il, Bergere volage,
  Qu'vn Amant
 Qui connoist ton changement,
  T'aime si constamment?

 Tous les jours dans le mesme herbage
Ses troupeaux se meslent aux tiens,
  Ses entretiens
Te semblent plus doux que les miens,
Faut-il, Bergere volage,
  Qu'vn Amant
 Qui connoist ton changement,
  T'aime si constamment?

Sur tous les Bergers du Village,
Sur tous les Chasseurs de nos Bois,
　　Il a ta voix;
Luy seul est heureux sous tes loix;
Faut-il, Bergere volage,
　　　Qu'vn Amant
　　Qui connoist ton changement,
　　T'aime si constamment?

Alcidon tenoit ce langage,
Quand sa Belle qui l'entendit,
　　Se defendit,
Et d'vn Air amoureux luy dit;
Ie ne fus iamais volage,
　　　Et l'Amant
　　Qui m'accuse injustement
　　Est aimé constamment.

　　　　　　　　　　M. DE P.

CHANSON A DANSER
DE Mr DE MOLLIER.

L'Autre jour, Philis, ce bel Ange,
De son cœur me fit vn present;
Mais n'en soyez pas médisant,
Helas! ce ne fut qu'vne échange;
Car cette Belle auoit le mien,
Lors qu'elle me donna le sien.

Mon cœur par tout la voulut suiure,
Quand il nous falut separer,
Et ie m'en allois expirer,
Puis que sans cœur l'on ne peut viure,
Si cette Belle ayant le mien,
Ne m'eust bien-tost donné le sien.

Mais le Soir pour moy fauorable
Me rendit maistre de son cœur;
Elle reconnut ma langueur,
Et crût qu'il estoit raisonnable,
Apres m'auoir rauy le mien,
De me faire vn present du sien.

M. DE MOLLIER.

AIR
DE M^ls LAMBERT ET HOTMAN.

Lors que mes yeux pleins de langueur
Découurent celle de mon cœur,
Et que mes soûpirs tous de flame
Expriment l'ardeur de ma foy,
Ne sentez-vous dedans vostre ame
Rien de fauorable pour moy?

M. DV BVISSON.

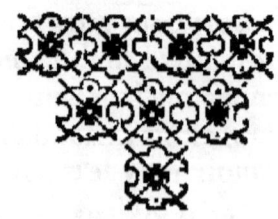

AIR
DE Mr LAMBERT.

Loin de vos yeux, belle Siluie,
J'estois allé passer ma vie,
Et chercher qui me pût guerir;
Mais ie reuiens finir ma course vagabonde,
Pres de vous i'aime mieux souffrir,
Que viure en d'autres lieux le plus côtent du monde.

Lassé de vostre injuste haine,
Ie voulois terminer ma peine,
Desirant changer, ou mourir;
Mais ie reuiens finir ma course vagabonde,
Pres de vous i'aime mieux souffrir,
Que viure en d'autres lieux le plus côtent du monde.

M. BOVCHARDEAV.

SARABANDE
DE Mr LE CAMVS.

Loin de vos yeux je languis, ie soûpire,
Ie veux cacher mon mal, & ie veux en parler;
Mais las ! vn si cruel martire
Ne se peut pas celer, & ne se peut pas dire.

M. DE B.

AIR
DE Mr LAMBERT.

Laisse-moy soûpirer, importune raison,
Laisse, laisse couler mes larmes,
Mes déplaisirs sont doux, mes larmes ont des char-
Et j'aime ma prison: [mes,
Ah! puis qu'Amarillis me defend d'esperer,
Au moins en expirant laisse-moy soûpirer.

M. LA C. DE LA SVZE.

VILANELLE
DE Mr DV VIVIER.

LA Bergere Annette
Sur le bord d'vn Ruisseau
Filoit sa quenoüillette
En gardant son troupeau;
Son Berger qui meurt pour elle,
    Qui est si belle,
Luy découuroit ainsi
Son amoureux soucy.

    Quitte ton ouurage,
Car de tes beaux cheueux
Autour de ton visage
Amour fait d'autres nœuds,
Dont mon ame est si bien prise,
    Qu'elle meprise
Sa douce liberté,
Pour seruir ta beauté.

La jeune Bergere
Pendant tout ces discours,
D'vne main ménagere
Alloit filant toûjours;
Mais son ame fut atteinte
De cette plainte,
Son fuseau par trois fois
Luy tomba de ses doigts.

La Rose vermeille,
Quand le Soleil la peint,
N'est point encor pareille
A l'éclat de son teint;
C'est vne discrette honte
Qui la surmonte,
Que ce jeune vainqueur
Soit maistre de son cœur.

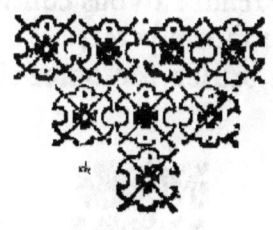

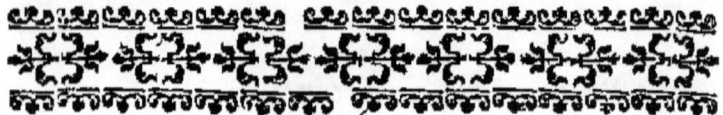

AIR
DE Mr BOESSET LE PERE.

Las! c'est trop consulter sur vn dessein fidelle,
Allôs, marchôs, courôs où le Sort nous appelle;
  Et dûssions-nous perdre le jour,
  Suiuons en ce péril extréme
  L'ordre fatal de mon amour,
Qui m'attache à ses loix, & m'arrache à moy-méme.

O mon cœur! ô mes yeux! il faut plaire à Siluie;
Cessez, cruels tyrans, de tourmenter ma vie,
  Languissez sans plus murmurer,
  Il faut apprendre à vous contraindre,
  Et la seruir sans esperer;
Brûlez, mõ cœur, brûlez, & mourez sãs vous plaindre.

L

AIR
DE Mr BOESSET.

Laiſſez-moy mourir en repos,
Conſeils que le deuoir me donne;
A quoy ſeruent tant de propos?
Ie ne puis écouter perſonne,
Et s'il faut s'éloigner d'vn objet ſi charmant,
Ie vay mourir ſans parler ſeulement.

Ie ſuis ſans eſpoir de guerir,
En vain la raiſon m'importune,
Et c'eſt trop peu que de mourir
Dans l'excés de mon infortune;
Et s'il faut s'éloigner d'vn objet ſi charmant,
Ie vay mourir ſans parler ſeulement.

L.

VILANELLE.

LE beau Berger Tirsis,
Loin de sa chere Annette,
Sur le bord du Loire assis,
Chantoit dessus sa Musette,
Ah ! petite Brunette,
Ah ! tu me fais mourir.

Les Echos d'alentour,
D'vne plainte discrette,
Comme atteints de son amour,
Redisoient la Chansonnette;
Ah ! petite Brunette,
Ah ! tu me fais mourir.

Les eaux qui vont coulant
D'vne source si nette,
Se vont encore meslant
Dans les pleurs que Tirsis jette;
Ah ! petite Brunette,
Ah ! tu me fais mourir.

Au l'eu d'aller paissant
La pointe de l'herbette,
Son troupeau tout languissant
Se couchoit pres sa houlette;
　Ah! petite Brunette,
　Ah! tu me fais mourir.

Le Soucy jaunissant,
La pâle Violette,
Sont les fleurs qui vont naissant
Des larmes que Tirsis jette;
　Ah! petite Brunette,
　Ah! tu me fais mourir.

VILANELLE.

L'Amour qui me presse
Cause ma langueur,
Ie souffre sans cesse
De vostre rigueur;
Ma belle Maistresse,
Rendez-moy mon cœur.

Dieux! quelle foiblesse!
L'Amour vous fait peur;
Puis que ma tendresse
Choque vostre humeur,
Ma belle Maistresse,
Rendez-moy mon cœur.

M. DE CHARLEVAL.

AIR
DE Mr DE BOVILLON.

LE Respect & l'Amour pleins de glace & de flame
Se font la guerre dans mon ame,
Et ne se veulent point ceder:
Mais, ô Beauté charmante & rare,
Si ie ne puis les accorder,
Permettez que ie les separe.

L'on voudroit qu'à vos yeux ma peine fût connuë;
Et l'autre a tant de retenuë,
Qu'il me defend de soûpirer:
C'est trop souffrir d'eux, ce me semble,
Il est temps de les separer,
Puis qu'ils ne peuuent viure ensemble.

AIR
DE Mr DE CAMBEFORT.

Lors que d'vn desir curieux
Ie presse Amarillis de me dire elle-méme
S'il est vray qu'elle m'aime,
Elle rougit, elle baisse les yeux,
Et me serrant la main, tout bas elle soûpire;
Peut-elle mieux s'expliquer sans rien dire?

C'est ainsi que ce jeune cœur
Me fait voir son desir au plus fort du silence
Qui luy fait violence,
Ie reconnois sa peine & sa langueur,
Et que l'Amour naissant dans vne ame discrette,
N'est qu'vn Enfant dont la langue est muette.

M. DE RAMPALLE.

L

RECIT DE LA NVIT.
Mr DE CAMBEFORT.

Languissante clarté, cachez-vous dessous l'onde,
Faites place à la Nuit la plus belle du monde,
Qui dessus l'Horison s'achemine à grands pas;
C'est moy de qui l'on prise & la noirceur & l'ombre,
Et i'ay mille agrémens dans mon Empire sombre,
Qu'en toute sa splendeur le Iour mesme n'a pas.

                M. DE BENSSERADE.

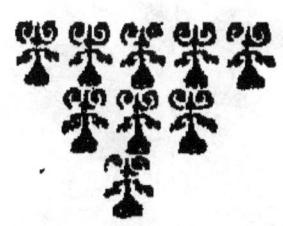

AIR
DE Mr RICHARD.

Laissez agir ma douleur
    Dans ce malheur
Qui me separe de moy-méme:
Dieux ! puis qu'elle est extréme,
Tout mon salut est de périr:
Cruels, cessez de me poursuiure,
Donnez-moy le moyen de viure,
Qu la liberté de mourir.

MIS EN CHANT. 277

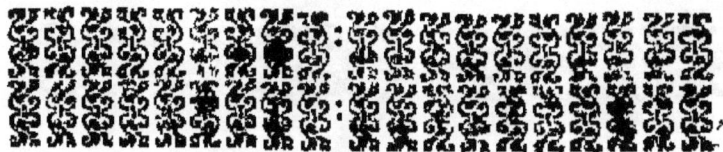

GAVOTTE
DE Mr DE CHANCY.

LE Printemps est de retour,
Toutes choses font l'amour,
   Horsmis ma Siluie,
Les Fleurs, les Prez, & les Bois,
L'accord des Luths & des voix.
   A l'amour conuie.
Le Printemps, &c.

Que Philis a de plaisir,
D'estre selon son desir
   D'vn Amant seruie.
Le Printemps, &c.

Lors que ie voy deux Amans,
Pâmez de contentemens,
   Ie me meurs d'enuie.
Le Printemps, &c.

L

SARABANDE
DE Mr RICHARD.

Sur le retour de Madame la Princesse d'Angleterre.

L'Aimable Iris est revenuë,
Cessez, regrets, abandonnez la Cour,
Laissez regner le Printemps & l'Amour
Dans ces beaux lieux qui l'ont revenuë,
Et permettez aux Echos d'alentour
De répeter qu'Iris est revenuë.

Si dans son cours l'Astre du monde
Erre sans cesse, & joint la nuit au jour,
La belle Iris promet à son retour
Vne clarté moins vagabonde,
Et ses regards dans ces lieux d'alentour
Ont déja fait ceder l'Astre du monde.

M. DE BOVILLON.

SARABANDE

Pour Mademoiselle d'Orleans.

L'Aimable Iris deuient si belle,
Qu'vn cœur ne peut brûler pour elle,
S'il n'est de la Race immortelle.

Ce jeune objet se fait paraistre
Comme vne Fleur qui vient de naistre,
Que par respect on laisse croistre.

M. DE BOVILLON.

RECIT DE BALET.
POVR DES BERGERS.
DE Mr BOESSET LE PERE.

LA Terre s'émaille de vert,
Flore a le sein découuert,
 Orné de Violettes;
Tout rit en ce doux Printemps,
Ne perdons point le temps,
Prenons nos Musettes.

L'Aurore est dessus l'Orient,
Qui fait par tout en riant
 Eclore les fleurettes;
Tout rit en ce doux Printemps,
Ne perdons point le temps,
Prenons nos Musettes.

Les Nymphes dans ces Prez fleuris
Ouurent à leurs Fauoris
 Leurs flames plus secrettes;
Tout rit en ce doux Printemps,
Ne perdons point le temps,
Prenons nos Musettes.

AIR
DE Mr BOESSET LE PERE.

LA voicy la Saison premiere
Si fauorable à nos defirs;
Mais pour les amoureux plaisirs,
Ie crains l'excés de la lumiere.
Allons aux Bois, qui n'ont de jour
Qu'autant qu'il en faut pour l'Amour.

Ces Prez fleuris, cette eau courante,
Ne sçauroit nous rendre contens;
N'aimer point, c'est perdre le temps,
Aimons-nous donc belle Amarante.
Allons aux Bois, qui n'ont de jour
Qu'autant qu'il en faut pour l'Amour.

I'aime ces Monts i'aime ces Plaines,
Tout y rit de tous lés costez;
Mais Narcisse pour vos beautez
M'oblige d'aimer les Fontaines.
Allons aux Bois, qui n'ont de jour
Qu'autant qu'il en faut pour Amour.

SARABANDE
DE Mr DE MOLLIER.

L'Aurore au visage innocent,
Lors qu'épanchant sa blonde tresse
Elle conduit le jour naissant,
A moins d'éclat que ma Maistresse.

J'aime auec beaucoup de raison
Ce recueil des plus belles choses,
Et puis dire que ma prison
Est faite de Lys & de Roses.

Son esprit a quelque fierté,
Elle connoist bien qu'elle est belle;
J'ay peur que croissant en beauté,
Son orgueil ne croisse auec elle.

Peut-estre son cœur glorieux
Fera peu d'estat de ma flame;
Toutefois regardant ses yeux,
I'ay pensé me voir dans son ame.

Ainsi le jeune Alcandre vn jour
Se plaignoit d'vne ardeur extréme,
Et parlant des maux de l'Amour,
Sembloit estre l'Amour luy-méme.

Vn vieil Pasteur qui l'entendit
Faire cette Plainte secrette,
Parmy nos Hameaux la redit,
Et la chanta sur sa Musette.

M. TRISTAN.

AIR
DE Mr MOVLINIE.

Laissez-moy seulement
Respirer un moment,
Que ie prenne congé des beaux yeux de Siluie;
Apres, accourez tous,
Sanglots, plaintes, soûpirs, ennemis de ma vie,
Ie m'abandonne à vous.

Mais sans plus diferer
Il faut m'en separer;
Ie ne puis l'acquerir sans faire ce voyage.
O cruauté du Sort !
Mourray-je pour reuiure ? & feray-je naufrage
Pour arriuer au port.

AIR
DE Mr LAMBERT.

Le voicy de retour
Ce miracle d'amour,
De qui toute la Cour
Est si charmée :
O Dieux ! que ses diuins appas
Passent de loin la renommée,
Qui peut les voir, & n'en mourir pas?

Aupres de ses beaux yeux
Qui captiuent les Dieux,
Tout l'éclat de ces lieux
N'est que fumée :
O Dieux ! que ses diuins appas
Passent de loin la renommée;
Qui peut les voir, & n'en mourir pas?

L

AIR.

LE Zephir en moins d'vn moment
Fait tomber les Roses nouuelles,
Et sur vos levres seulement
Naissent des choses immortelles.

Fin de la Premiere Partie.

www.ingramcontent.com/pod-product-compliance
Lightning Source LLC
Chambersburg PA
CBHW071510160426
43196CB00010B/1478